Poésies lyriques

Théodore Weustenraad

Bruxelles, 1848

© 2024, Théodore Weustenraad (domaine public)
Édition : BoD · Books on Demand GmbH, In de Tarpen 42,
22848 Norderstedt (Allemagne)
Impression : Libri Plureos GmbH, Friedensallee 273,
22763 Hamburg (Allemagne)
ISBN : 978-2-3225-5357-0
Dépôt légal : Novembre 2024

TABLE

Préface
La Démocratie
Chute et Pardon
Harmonie
La Ville Natale
Regrets
Aux Barbares de la civilisation
Prière pour la Patrie
L'heure noire
Pour un Prince
Fantaisie
Mythe et Réalité
Solitude
Aux Pauvres
Le Haut-Fourneau
Watervliet
Le Chant du Prolétaire
Le vieux Drapeau
Mœurs
Aux Conquérants parisiens
Rêverie

L'Honnête Homme
Amertume
Le Remorqueur
Mystère
Question
À la Statue de la Patrie
Souvenir
Vœu
La Charité
Prière au bord d'une Houillère
L'Avenir
Nuées
Hymne au Siècle

PRÉFACE.

La publication des Poésies contenues dans ce Recueil exige deux mots d'explication.

Composées à des époques séparées quelquefois par de longs intervalles, et sous l'empire d'impressions différentes, elles ne se rattachent, ni pour le fond, ni pour la forme, à aucun système exclusif, et n'offrent pas ce caractère d'unité que quelques poëtes modernes se sont efforcés d'imprimer à leurs œuvres.

Qu'on n'y cherche donc pas la pensée de faire prédominer, dans nos temps de trouble et d'incertitude, une théorie quelconque, littéraire, philosophique ou sociale. Qu'on n'y cherche pas l'intention d'imposer une doctrine positive, au milieu des luttes ardentes de tant d'écoles rivales qui se disputent la direction des esprits.

Nous sommes entrés dans une ère nouvelle. Tous les grands penseurs cherchent un remède aux maux sans nombre qui affligent la société, et dont l'excès pourrait amener la dissolution des derniers liens de l'ordre. Le trouveront-ils ? Je l'espère et je le crois. L'œuvre qu'ils ont entreprise est divine. J'honore le courage et j'applaudis aux efforts de quelques-uns de ces hommes éminents, sans partager toutes leurs idées, et sans vouloir soumettre à l'analyse d'une raison trop sévère les généreux principes dont ils se sont proclamés les défenseurs.

Je chante, je ne discute pas.

Ne suivant que ma libre fantaisie, n'écrivant que sous le coup d'une émotion réelle, je ne me suis pas même demandé si ma pensée de la veille était toujours conforme à celle du lendemain. La face des choses change et se transforme chaque jour, et la nature de nos sensations change et se transforme avec elle. Je n'ai pas eu la prétention de combattre cette loi de rénovation perpétuelle, et je me suis laissé dériver au gré du courant qui m'entraînait, sur la foi du seul guide dont je reconnaisse l'autorité : ma conscience. Rien de ce qui est humain ne m'a paru étranger. Tantôt triste et désolée, tantôt confiante et heureuse, ma poésie s'abandonne à tous les rêves, sombres ou rayonnants, qui agitent le cœur de l'homme à l'époque orageuse où nous vivons.

Plusieurs morceaux de poésie, rassemblés ici pour la première fois, ont déjà été publiés séparément ; mais la plupart d'entre eux ont subi, sous le rapport de la forme, des corrections qui les rendront plus dignes de l'attention du public. L'accueil bienveillant qu'ils ont reçu de tous ceux qui s'intéressent au progrès des lettres, malgré leurs imperfections et leurs défauts, m'autorise à espérer que les productions nouvelles qui les accompagnent rencontreront auprès d'eux la même sympathie.

Si ce vœu était exaucé, je me féliciterais d'avoir contribué, pour ma part, à préparer les fondements de notre nationalité littéraire, destinée à compléter, plus tard, l'édifice de notre indépendance politique.

Th. Weustenraad.

Bruxelles, le 31 décembre 1848.

LA DÉMOCRATIE

1845.

Dieu le veut !

Place, place au torrent ! il grossit, il s'avance !
Pour arrêter sa marche et dompter sa puissance,
En vain les rois du monde ont uni leurs efforts ;
Encore un jour, une heure, et le lit séculaire,
Le lit étroit, obscur, où gronde sa colère,
Il va l'abandonner pour engloutir ses bords.

Riches trop indolents qui craignez ses ravages,
Au lieu de l'insulter du haut de ses rivages,
Creusez-lui donc un lit plus large et plus profond,
Où puissent librement à travers nos vallées
Rouler au grand soleil ses vagues nivelées,
Sans ébranler la digue ou menacer le pont.

Nouveaux rois de la glèbe, encor surpris de l'être,

Vous tremblez en songeant qu'il vous faudra peut-être,
Pour lui frayer sa route au milieu des guérets,
Faire abattre un vieux mur gardien de vos domaines,
Ravir au soc jaloux un sillon de vos plaines,
Ou porter la cognée au cœur de vos forêts.

Mais songez donc aussi qu'au jour de la tempête,
S'il vous trouvait jamais à vos banquets de fête,
Chantant, la coupe en main, les douceurs du repos,
Avant que la nuit vînt disperser votre troupe,
Avant que votre lèvre eût pu vider la coupe,
Vous-mêmes vous seriez emportés par ses flots.

Riches, faites mentir ce sinistre présage !
Grâce aux lâches terreurs des hommes d'un autre âge,
Le ruisseau d'autrefois est torrent de nos jours.
Instruits par leurs revers, montrez plus de prudence.
Que l'hostile torrent, trompé dans sa vengeance,
Passe, se change en fleuve, et poursuive son cours.

Alors s'abaissera la fierté de ses ondes,
Pour livrer un chemin aux vaisseaux des deux mondes,
Pour inonder nos ports de trésors ignorés ;
Alors se pareront de moissons toujours mûres
Ses bords, qui maintenant n'étalent pour parures
Que des halliers épais et des rocs déchirés.

Debout donc, ô Faucheurs, qui, couchés sur vos gerbes,
Répondez à sa voix par des rires superbes.
Place, place au torrent qui s'avance en courroux !
Trop faibles désormais pour garder ses barrières,
Laissez-lui dévorer quelques stériles terres,
Pour conserver les champs fertilisés par vous.

CHUTE ET PARDON

1833

Poésie, théologie, abîmes !

Encore un lys qui s'étiole,
Et tombe avant la fin du jour !
Encore un cygne qui s'envole,
Et meurt sous un bec de vautour !
Encore un vase qui se brise,
Tout rempli de myrrhe et d'encens !
Encore un ruisseau qui s'épuise,
Tari sous les pieds des passants !

Fils d'un siècle incrédule, égaré par l'audace
Au milieu des autels qui peuplent la surface
           D'un monde révolté,
Tu n'as donc pu, jeune homme, en compter les miracles,

En évoquer les Dieux, en peser les oracles,
          En sonder l'équité,
Sans voir l'auguste foi, devant l'erreur savante
Se voiler de douleur et s'enfuir d'épouvante
          Vers le ciel irrité !

Qu'allais-tu faire aussi dans ces mornes royaumes
Où tant de voyageurs se sont déjà perdus,
Et n'ont trouvé debout que d'aveugles fantômes,
Sur les temples tombés des peuples disparus ;
Où l'homme, tourmenté par un sombre problème,
Ne reçoit pour réponse, en évoquant la mort,
Que des éclats de rire ou des cris d'anathème
          Qui glacent le cœur du plus fort !

Tu cherchas cependant l'azur d'une autre sphère,
Mais, dans ton vol trop faible et trop mal soutenu,
Au lieu de ce soleil couronné de lumière,
          Réponds ! que trouvas-tu ?
Un astre sans rayons dans un ciel solitaire,
Un globe rouge et fauve, un disque plat et nu,
Des ténèbres sans fond au-dessus de ta tête,
Des nuages en bas, livides, mornes, lourds,
Que sillonnait au loin l'éclair de la tempête,
          Ou l'aile des vautours.

Il fallait t'élever dans les champs du tonnerre
Au-dessus des sommets et des monts de la terre,
Franchir du firmament les limites de feu,

Pour voir s'épanouir et saintement éclore,
Dans les vastes splendeurs d'une éternelle aurore,
La puissance, l'amour, et la grandeur de Dieu !

  Mais, hélas, ce n'est pas ta faute,
  Si, de ton ciel vide et glacé,
  Retombé, la tête encor haute,
  Mais l'œil morne et le cœur blessé,
  Ton aile s'est heurtée aux voûtes
  Où se brisèrent trop souvent,
  Les fronts chargés de sombres doutes
  Et du poëte et du savant !

Dans le dédale obscur d'un siècle sans croyance,
Où tu cherchas, en vain, un fil pour te guider,
Le monde abandonna ton inexpérience,
À l'heure où ton destin allait se décider,
Et quand, près de l'issue, un ténébreux reptile
Te ferma le passage et s'élança sur toi,
Le monde répondit à ta plainte inutile :
  Dieu pour tous, chacun pour soi !

  Des rêves d'or de ton enfance
  Qui voltigeaient sous tes regards,
  Nés d'un baiser de l'espérance
  Et d'un sourire des beaux arts,
  Alors l'essaim vif et splendide
  Te laissa seul avec ton cœur,
  Et se dispersa dans le vide

    Au souffle irrité du malheur.

Tu t'assis, accablé, sur l'angle d'une dalle,
Et ta main, achevant l'œuvre de ton esprit,
Rejeta vers le ciel, sous le choc d'une balle,
    Ton âme que Dieu seul comprit.
Tu tombas. Nul ami n'accourut. Un seul homme
Se leva dans la foule, et vint, le cœur en deuil,
Vers le soir, à défaut d'un ministre de Rome,
    T'absoudre et bénir ton cercueil.

    Ah ! que du moins ta noble cendre,
    Qui n'était pas en droit d'attendre
    Un hommage plus éclatant,
    Échappe aux outrages profanes
    Qui troublent le repos des mânes
    Du chrétien mort impénitent !

Et quel est l'homme en pleurs dont la voix attendrie
Vint alors murmurer, au nom de la patrie,
Sur ta tombe entr'ouverte, ô poëte martyr,
Quelques mots fugitifs d'un éloge éphémère
Qui de ta vie obscure éclairant le mystère,
    Te promettait un illustre avenir ?

Le même, n'est-ce pas, qui de son cri sauvage
Arrêta lâchement l'humble essor de ton nom,
Qui souilla de tes jours la plus brillante page
    De sa bave et de son limon ?

Le même, n'est-ce pas, qui sur ta route obscure,
De ton gardien céleste éteignant le flambeau,
Dressa pour piédestal à ta gloire future
          Le socle d'un sanglant tombeau ?

Et le monde s'émeut, et le monde s'étonne
En voyant, chaque jour, tomber de sa couronne
Quelque nouveau fleuron privé de sa splendeur,
Lui dont la haine aveugle ameute la tempête
Qui courbe trop souvent la plus sublime tête,
          Et flétrit le plus noble cœur !

          Quand l'ignorance ou l'injustice
          Méconnaît leurs vivants travaux,
          La mort cesse d'être un supplice
          Pour l'artiste et pour le héros ;
          La mort est la seule retraite
          Qui s'ouvre pour les recevoir,
          Et la gloire absout le poëte
          Qui s'y jette par désespoir.

Qu'aurait-il fait encor sur cette triste terre ?
Des flancs de son navire errant et solitaire
Le lest s'était enfui sous son œil alarmé ;
Son lugubre voyage au fond de déserts mornes,
Avait cru du Possible avoir atteint les bornes ;
          Pour lui tout était consommé.

Pardonnez-lui, Seigneur ! Il était de ces hommes

Dont l'instinct courageux, le coup d'œil pénétrant
Découvrent, mais trop tôt, du grand siècle où nous sommes
          L'incommensurable néant ;
Hommes trop près du ciel, esprits pour qui le monde
Se corrompt de bonne heure, et n'a plus que du fiel,
Dès que leur langue plonge au fond du vase immonde
          Dont les bords seuls offrent du miel ;

De ces hommes marqués du sceau du fatalisme,
Qui, même à leur insu, trop tôt émancipés
Par la douleur, hélas ! ou par le scepticisme
Dont, à leurs premiers pas, ils ont été frappés,
Ont des rides au cœur, et des rides nombreuses,
Même avant que nos yeux en trouvent à leur front,
Et sentent s'échapper leurs âmes généreuses,
          Quand leurs rêves s'en vont.

          Il portait dans l'âme inquiète
          L'auguste fierté du poëte
Qui sur la pourpre et l'or dédaigne de s'asseoir,
Revêt des pèlerins les austères cilices,
          Erre, en rêvant de nobles sacrifices,
Autour des vieux créneaux d'un gothique manoir,
Et qui s'épanouit dans une église sombre,
          À l'éclat de cierges dans l'ombre,
          De croix d'argent sur un drap noir.

Pourtant d'une plus douce et plus riche existence

Le champ d'azur, un jour, s'ouvrit à son regard ;
Il crut voir s'ombrager sa mâle adolescence
Des myrthes de l'amour et des palmes de l'art.

    Quand, sous les traits d'une humble femme,
Un ange du Seigneur eut réveillé son âme
Du sommeil végétal dont dorment les enfants,
Eut versé dans son sein le secret d'une flamme
Qui jaillit de sa lyre en hymnes triomphants.
Dépouillant tout à coup son deuil morne et farouche,
Sa jeune âme s'ouvrit aux feux d'un nouveau jour,
Pour y laisser entrer, le sourire à la bouche,
    Et la gloire et l'amour.

Quels doux pensers alors germèrent dans sa tête,
Maintenant mutilée, ouverte par le fer ;
Murmurèrent autour de sa lèvre, muette
Maintenant, et livrée aux morsures du ver ;
Firent étinceler son regard de poëte,
    Maintenant mort et sans éclair !

    Alors plus de songes funèbres,
    Plus de jours remplis de ténèbres,
    De cris étouffés en secret ;
    Plus de blasphèmes ni d'outrages,
    Le jour se levait sans nuages,
    La nuit descendait sans regret.

Salut, trois fois salut aux doux rêves de gloire,

Aux acclamations d'un monde généreux,
À l'auréole d'or dont la main de l'histoire
      Ceint le front du poëte heureux !
Salut, trois fois salut à l'amour d'une femme,
Aux caresses d'un fils qui sourit sur son sein,
Aux doux épanchements de l'esprit et de l'âme,
      Près d'un foyer calme et serein !

Mais qu'il fut court pour lui cet instant si magique,
Plein d'intimes transports de volupté mystique,
      Et de célestes visions,
Jeté par le destin au travers de sa vie,
      Pour combler la mesure impie
      Des amères dérisions !

Attirés par l'éclat d'une âme grande et pure,
La Perfidie, aux yeux pleins de mortels souris,
L'Égoïsme envieux pour qui tout est injure,
Et l'Orgueil, aux naseaux tout gonflés de mépris,

Sur son front couronné s'abattirent en troupe,
En flétrirent les fleurs, les pillèrent au vol,
Et la dernière rose, en tombant dans sa coupe,
      La fit déborder sur le sol.

      Alors, loin d'un monde en ruines,
      Il chercha l'ombre des autels,
      Il chercha parmi leurs doctrines
      La clé de ses destins mortels ;

        Mais aux pieds de l'Isis voilée
        Surgit le Sphinx…. Pâle, hagard,
        Il recula, l'âme accablée,
        Et tomba mort sous son regard.

Triomphez maintenant, appelez sur sa tête
Le châtiment qui suit l'oubli d'un saint devoir,
Vous qui vous indignez de la mort d'un poëte
Dont les cris de douleur n'ont pu vous émouvoir !
Pour vous, son mal n'était qu'un mal imaginaire !….
Et pourtant il faut bien qu'il ait été réel,
Puisqu'il a tué l'homme et jeté hors de l'aire
Un des plus beaux aiglons éclos sous notre ciel.

        Oh ! que n'ai-je habité ta sphère,
        Poëte aux adieux si touchants,
        J'aurais mêlé les pleurs d'un frère
        À l'amertume de tes chants ;
        J'aurais guidé ton pas débile
        Vers quelque vallon ignoré,
        Où le Dieu que le siècle exile
        Parle encore au juste éploré.

Nous aurions échangé de ces graves paroles
Dont use dans ses maux l'homme religieux,
Dirigé notre essor vers ces brillants symboles
Que suspendit là haut la main du Roi des cieux ;
Cherché l'esprit divin sous ces lointains mystères,
Pour y mêler notre âme, y fondre nos deux cœurs,

Et dans son sein natal dépouiller nos misères,
      Fange pétrie avec nos pleurs.

Régénérés alors dans les flots de sa grâce,
Pour les champs de la terre où tu perdis sa trace,
Nous serions, tous les deux, partis le même jour,
Et, pareils au ramier qui rapporte des plaines,
À travers les dangers des routes incertaines,
Le duvet pour son nid qu'il bâtit dans la tour,
Nous aurions, tous les deux, de notre saint voyage,
Brûlés par le soleil ou glacés par l'orage,
Rapporté des trésors d'espérance et d'amour.

      Ainsi jamais ta noble tête
N'eût ployé sous le joug de l'ange réprouvé ;
Ton pied, inébranlable au fort de la tempête,
N'aurait jamais glissé sur un sanglant pavé,
Et tu serais assis à nos banquets de fête,
      Triomphant et sauvé !

Mais le poëte mort est-il donc tant à plaindre ?
Ne dort-il pas enfin d'un paisible sommeil,
Lui qui voulait dormir et qui n'a plus à craindre
Le désenchantement d'un pénible réveil ?
Qu'importe aussi sa chute à la foule qui gronde ?
Il n'est pas le premier que le dégoût du monde
A tué, jeune encore, à l'ombre d'un laurier,
Et, malgré la terreur dont l'avenir se voile
À l'heure solennelle où s'éteint notre étoile,

Il ne sera pas le dernier.

D'autres viendront aussi demander à son ombre
Le courage fatal de mourir comme lui,
De quitter, sur ses pas, l'antre toujours plus sombre
    Où l'âme croupit aujourd'hui ;
Des poëtes surtout viendront rougir sa cendre,
Et ce fleuve de sang, rien ne l'arrêtera,
Tant que le monde sourd ne voudra pas comprendre
    L'homme qui lui dira :

    Il faut à la mourante abeille,
       Un peu de miel en hiver ;
    À la frégate qui s'éveille
       Le vent de la haute mer ;
    Au vin consacré dans la cène
       Un calice de vermeil ;
    Au gland pour devenir un chêne
       La rosée et le soleil.

HARMONIE

1840

Le travail est divin.

Gloire à la puissante Industrie,
Reine de la terre et des eaux !
L'homme enfin comprend son génie,
Il ose admirer ses travaux ;
Le cri du sol sous la charrue,
Du marbre enlevé par la grue,
Du bronze frappé du marteau,
Pour son oreille a plus de charmes
Que le canon d'un peuple en armes,
Tonnant sous un sanglant drapeau !

Que j'aime à voir sur nos rivages
Le temple vivant du Travail
Resplendir sous de verts ombrages,

Frais ornement de son portail,
Régner sur nos plaines fumantes,
Du haut de ses tours flamboyantes,
Du haut de ses noirs minarets,
Fiers de se mirer dans un fleuve
Qui porte aux cités qu'il abreuve
Tous les trésors d'un saint progrès !

Jadis le Ciel dans sa tendresse
Couronnait d'un azur plus doux,
Ces monts d'où l'antique sagesse
Descendit au milieu de nous ;
Il aimait à parer leurs cimes,
Leurs flancs, leurs rochers, leurs abîmes
D'un éternel manteau de fleurs,
Et faisait jaillir de leur base
Des sources qui versaient l'extase
Aux poëtes comme aux pasteurs.

Non moins propice à ma patrie
Qu'il enrichit de ses bienfaits,
Partout où la noble Industrie
Élève un autel à la Paix,
Il prodigue encor sans mesure
Et les splendeurs de la nature,
Et les trésors de sa bonté,
Tributs réservés au courage
Qui sait agrandir l'héritage
Promis à la postérité.

Partout, quand le fils de la Terre
Suspend les saints travaux du jour,
L'astre bienveillant qui l'éclaire
Lui sourit avec plus d'amour ;
Le fleuve l'appelle au rivage,
La brise l'accueille au passage
Par un murmure plus flatteur,
Et chaque arbre de la vallée
Répand sur sa route voilée
Plus de parfums et de fraîcheur.

Héros de la terrestre fête,
Il entonne un chant fraternel,
Et quand la forêt le répète
Au mont qui le redit au ciel,
Ravi d'une extase inconnue,
Il croit entendre dans la nue
Dont les flancs s'ouvrent sans effroi,
La voix sublime de Dieu même
Qui dit à la terre : Je t'aime ;
À l'homme : Aime-la comme moi !

Ranimé par la voix céleste,
Il la bénit avec ferveur,
Rompt le dernier pain qui lui reste
Humide encor de sa sueur,
Tend sa coupe à l'urne d'argile
Qui verse à son âme virile

L'oubli des dangers et des maux,
Et, se levant plus intrépide,
Poursuit sur la foi de son guide
Le cours de ses puissants travaux.

Triomphe ! Ainsi par la nature,
Payé d'un retour généreux,
L'homme reçoit avec usure
Le prix d'un sort laborieux ;
Il s'unit au vœu de la terre,
Il s'unit au Dieu qu'il révère,
Par des liens toujours plus doux,
Et chaque progrès qui l'honore,
Embellit et resserre encore
Ce lien, le plus saint de tous.

LA VILLE NATALE

1838

> Que les temps sont changés !

Te voilà donc assise au fond de la vallée,
À genoux, les flancs nus, la tête échevelée,
      Et les deux bras meurtris,
Priant et conjurant les nochers de ton fleuve
D'accueillir, par pitié, les plaintes d'une veuve,
      Et de te ramener les fils
Qui, trop prompts à te fuir pour sortir d'esclavage,
Sur ces bords dépeuplés t'ont laissée en otage
      Aux oppresseurs de leur pays !

Te voilà donc vouée au destin des esclaves,
Sur un autel sanglant offerte par la Paix,
En expiation des exploits de nos braves,
À la brutalité du sabre hollandais,

Toi dont la voix gardienne éveilla notre audace
Au bruit des premiers coups d'un monarque irrité,
Toi dont le poing vengeur lui brisa sur la face
        Le masque de la liberté !

Mais, va, console-toi, console-toi, ma mère,
Tu n'as pas à rougir de ton abaissement,
Tu n'as jamais formé d'alliance adultère,
        Ni trahi la foi du serment ;
Tu peux de l'étranger braver la calomnie,
Le regarder en face et dire avec bonheur,
Comme le roi français prisonnier à Pavie :
        Tout est perdu fors l'honneur !

Non, le stigmate empreint sur ton front, ma patrie,
N'a point communiqué la gangrène à tes flancs ;
Le stupide bâillon dont ta lèvre est meurtrie,
En étouffant ta voix n'a point brisé tes dents ;
D'un anévrisme impur l'atteinte délétère
N'a pas fait éclater les fibres de ton cœur,
Et ce n'est qu'une veine et non pas une artère
        Que perça le fer du vainqueur !

Tes malheurs, tes tourments, tes huit ans de souffrance
Ont failli dans ton âme éteindre l'espérance ;
Mais aussi que de pleurs t'ont fait verser les rois !
Quel peuple de nos jours a subi ton martyre ?
En est-il un, un seul, qui rampe sous l'empire

De plus infâmes lois !

De lois ? Non. Dans tes murs, toutes les lois sont mortes.
Un soldat les foula sous ses pieds triomphants,
Un soldat fit clouer la Justice à tes portes ;
Le canon au dehors, et le sabre au dedans,
Voilà, quand tu te plains, voilà, quand tu t'emportes,
Tes juges et tes surveillants !

De ta robe municipale
J'ai vu les plus riches lambeaux
S'étendre en tapis dans la salle
Où s'enivraient tes vils bourreaux,
Flotter même au milieu des rires
Le long des reins de leurs coursiers,
Et sur les lits nus de tes sbires
Se dérouler en draps grossiers.

Partout, en quelques jours, ton antique parure
Tomba sous leur faux rouge et joncha les sillons ;
Adieu les doux jardins dont la fraîche ceinture
Autour de tes glacis serpentait en festons ;

Adieu les peupliers dont la verte jeunesse
Ombrageait de tes murs l'auguste vétusté ;
D'un ciel morne et glacé la brumeuse tristesse
Dérobe seule aux yeux ta vaste nudité.

Plus de jeux solennels ni de fêtes publiques !
Au premier choc armé qui t'annonça des fers,
Se dispersa l'essaim de tes vierges pudiques
Qui brillaient dans tes bals et paraient tes concerts ;
Ton septembre a perdu ses couronnes fleuries ;
Il a, depuis ta chute, oublié sans retour,
Ses refrains si connus et ses rondes chéries,
    Tous appris avec tant d'amour.

Plus de ces longs banquets où sous le patronage
Des nobles défenseurs de nos modernes droits,
Nous chansonnions, Amis, les abus d'un autre âge,
Et le pâle imposteur qui leur vendait sa voix ;
Où, libre de tout frein, notre patriotisme
Ébranlait de ses toasts leurs salons libéraux,
Et, la coupe à la main, vouait à l'ostracisme
    Tous les descendants des Nassaux.

Relégués loin de nous par les destins contraires,
Les vivants, dans tes murs, ressemblent à nos morts ;
La banqueroute siége au foyer de nos pères,
Où jadis l'abondance épanchait ses trésors ;

La prostitution décime tes familles,
Sur des noms, purs naguère, imprime un sceau fatal,
Et, du fond des cachots, l'héroïsme en guenilles
Tend son cou jaune et maigre au gibet prévotal.

    Est-ce donc là la récompense

        De cet amour illimité
        Que tu vouas dès ta naissance
        Au culte de la liberté,
        Le prix du sang de tant de braves
        Qui s'élancèrent de tes flancs
        Pour briser le joug des esclaves
        Et vaincre ou mourir dans nos rangs ?

Oh ! que cette pensée est poignante, est amère !
En déchirant le lin qui voile tes douleurs,
Une larme de rage échappe à ma paupière,
Et je maudis le bras de nos libérateurs,
Bras faible et mutilé qui ne saurait atteindre
Dans tes forts, ni chasser de ton sol dévasté,
L'ennemi qui t'opprime, et qui ne s'est fait craindre
Que par notre faiblesse et notre lâcheté.

Mais il est plus pénible et plus poignant encore,
Ma mère, de songer qu'il est parmi tes fils,
Des transfuges ingrats dont la bouche déflore
        L'honneur de leur pays ;

        Oui, des hommes à haute tête
Qui te doivent leur nom, leur fortune, leur rang,
Que ton bras a tirés de la foule muette,
Que ton cœur a nourris du plus pur de son sang,
        Ces hommes-là te calomnient ;
Ils osent t'accuser de mériter ton sort,
Ils contestent tes droits, tes travaux, ils les nient,

        Ils applaudiraient à ta mort.

Auraient-ils donc voulu, ces héros de théâtre,
Qu'au premier cri de guerre apporté par le vent,
Tu te fusses montrée à ton peuple idolâtre
Prête, le casque au front, à marcher en avant,
Prête à t'élancer seule, héroïne aveuglée,
À d'inégaux combats pleins de sanglants revers,
Où tu devais tomber et périr étranglée
        Sous la main qui riva tes fers ?

Mais ces hommes, ma mère, à l'heure des batailles,
Ont été les premiers à fuir de tes murailles,
À mettre en sûreté leurs pénates d'argent,
Eux, les vrais chefs du peuple, eux dont le bras peut-être
Eût fait lâcher leur proie aux sbires de ton maître
Qui déchiraient tes reins de leur fouet outrageant.

Va ! console-toi donc, ma noble prisonnière !
Leur langage haineux ne doit pas t'émouvoir.
Jusqu'au terme fatal de ta noble carrière,
Jusque sur les degrés même de l'abattoir
Où te tient enchaînée une main meurtrière,
Tu défendis tes droits, tu remplis ton devoir.

Aussi le Tout-Puissant te sera-t-il propice ;
Il châtîra l'orgueil d'un roi sourd à tes vœux,
Il remettra le sceptre aux mains de la justice,

Et hâtera le jour, où, fiers et glorieux,
Nous nous réunirons sous l'arbre séculaire
Qui vit tomber ses fleurs au soleil du mois d'août,
Mais qui garda le nid de la Liberté-Mère
Au sommet de son tronc toujours ferme et debout.

Oui, si je me replonge au sein de l'allégresse
Qui débordait à flots sur ton sol agité,
Quand du canon liégeois la bouche vengeresse
Eut proclamé la fin d'un règne détesté,
Un doux pressentiment ranime mon courage,
Mon cœur s'épanouit sous un souffle d'amour,
Et, malgré les arrêts d'un sombre aréopage,
Je crois à ton bonheur, je crois à mon retour !

REGRETS

1833

> La vie s'écoule entre deux rires :
> l'Espérance et le Regret.

Heureux l'homme inconnu dont l'âme virginale
A, dans un pli secret, que la vertu défend,
Gardé, perle du ciel, la goutte d'eau lustrale
Qu'un prêtre fit couler sur sa tête d'enfant !

Mais où donc retrouver ces croyances si chères
Qui ne devaient jamais s'altérer par le temps,
Sainte émanation de la foi de nos pères
Dont s'embaumaient jadis les jours de mon printemps !

Quand pourrai-je m'asseoir à l'ombre de doctrines
Dont la cime se baigne en un ciel pur et doux,

Qui plongent dans le sol de vivaces racines,
Et de fruits toujours mûrs se couronnent pour tous !

De ce prêtre du Christ écoutez le langage :
Écho vivant et saint de la Divinité,
Il prêche, dans son temple, au monde qui l'outrage,
La justice, la paix, l'amour, la charité ;

Mais à peine a-t-il mis le pied hors de la chaire,
Qu'il jette son étole aux vents du carrefour,
Et court prostituer son divin ministère
Aux vils embrassements des passions du jour.

Admirez ce tribun dont la voix redoutable
Stygmatise le riche insensible au malheur ;
Il demande, pour tous, un partage équitable
Des biens que sur ce globe a versés le Seigneur ;

Rentré dans ses foyers où la gloire l'escorte,
Il l'immole bientôt au vil démon de l'or ;
Il laisse le Malheur se morfondre à sa porte,
Et rit de ses sanglots du haut de son trésor.

Honneur à ce poëte ! Un monde entier l'écoute.
Que de magnificence et que de pureté !
L'âme de celui-là n'a point perdu sans doute
L'auréole d'azur de sa virginité ;

De ses jours peu connus sondez donc le mystère :

Partout vous trouverez un souvenir honteux,
Vous verrez la débauche, à son lit adultère,
Assise, les yeux morts, livide et sans cheveux.

Aussi n'irai-je plus redemander au monde,
Ni pour lui, ni pour moi, les biens que j'ai perdus,
Et qu'en échange, hélas ! des trésors de Golconde
Ni lui, ni ses rois même, ils ne me rendraient plus.

Pour savourer encore un bonheur sans mélange,
Pour rendre un peu de calme à mon cœur agité,
Je fuis le sol aride et les chemins de fange
Où marchent son orgueil et son iniquité ;

Et je tourne à regret ma paupière incertaine
Vers un passé détruit, mais plus beau dans la mort,
Que ce siècle vivant dont l'orageuse haleine
Ne conduira jamais ma barque dans le port ;

Et je dis : ouvrez-vous, livres saints de nos pères,
Exhalez sur mon front, aride avant le temps,
L'énergique parfum des croyances austères
Dont s'embaumaient jadis les jours de mon printemps !

AUX BARBARES DE LA CIVILISATION

1836

Rien appris, rien oublié.

« En avant, en avant, sans relâche, sans trêve !
« Dans son lit foudroyé que la mer se soulève,
« Qu'il s'ouvre un noir volcan sous un ciel toujours bleu,
« Que la terre engloutisse un empire en détresse,
« Des profondeurs du ciel qu'un soleil disparaisse,
« En avant, en avant, sous la garde de Dieu !
« De l'occident plein d'ombre à l'orient splendide,
« Par des plaines de glace ou par des champs de feu,
« Sur la frégate anglaise ou le coursier numide,
« En avant, en avant, sous la garde de Dieu !
« Peuples, Rois, en avant, le front haut, l'œil limpide !
« Il est mort, le Passé, dans un sanglant adieu,

« Et sa lance inutile et sa crosse invalide
« Roulèrent sous son char dont se brisa l'essieu ! »

Mais où donc allons-nous ? Quelle est donc la conquête
Que ta voix, ô tribun, que ta lyre, ô poëte,
   Promettent à notre avenir ?
Dites ! que voulez-vous ? Où sont les plans sublimes
Des rayonnantes Tyrs, des superbes Solymes
   Que vous prétendez rebâtir ?

Au milieu des éclairs d'une nuit de tempête,
Avez-vous de l'Horeb osé gravir la crête ?
Avez-vous entrevu près du buisson ardent
L'ombre de Jéhovah ou l'ombre de Moïse ?
Savez-vous le chemin de la terre promise ?
Passeriez-vous à pied les mers de l'Orient ?

Non ! vous ne savez rien. Au milieu de nos luttes,
Tous vous avez perdu le souvenir du ciel,
Et, courbés sous le mal, vous vous êtes faits brutes
Pour pouvoir sans remords oublier l'Éternel.
Ne me parlez donc plus un langage hypocrite,
N'invoquez plus de Dieu, car vous n'y croyez pas,
Car Dieu s'est retiré d'une race maudite
Destinée à périr en d'aveugles ébats.

Vous savez, il est vrai, démolir de vieux trônes,
Abattre d'un seul coup trente tyrans ligués,

Au fourneau d'un congrès refondre leurs couronnes
Pour en faire un carcan aux peuples subjugués ;
Puis exhumer les os des races disparues,
Y répandre des pleurs, de lamentables chants,
Et maudire ou bénir les royautés perdues
Selon le cours des fonds et la mode du temps.

Habiles à flétrir la plus candide chose,
Vous savez, avec art, mêler l'absinthe au miel,
Ravir au fruit son suc, son parfum à la rose,
Troubler le lac limpide où se mire le ciel,
Éteindre d'un seul souffle une ardente auréole,
Écraser dans son œuf l'aigle à peine formé,
Effeuiller un espoir, délustrer un symbole,
Et jeter un linceul sur tout objet aimé.

Puis, reprenant en grand vos œuvres délétères,
Ouvrant un lit plus vaste à votre ardent courroux,
Vous armez, pour un mot, les fils contre les pères,
Vous arrachez l'épouse aux bras de son époux,
Ôtez aux passions le frein qui les enchaîne,
Détachez les boulets de forçats dépravés,
Pour en briser la tête à la justice humaine ;
Mais aussi voilà tout, tout ce que vous savez !

N'importe ! ivres d'orgueil, vous poursuivez la route
Où, loin de tout soleil, vous égara le doute,
Et malgré les dangers qui planent sur vos jours,
Et malgré les conseils d'une voix libre et sage,

Fermés dans vos manteaux tourmentés par l'orage,
  Vous marchez, vous marchez toujours.

Ah ! vous avez raison de fuir ce sol aride,
Fond ténébreux et froid d'un grand sépulcre vide,
Cale d'un vieux vaisseau qui vogue vers Babel,
Et, dans votre dégoût et dans votre impuissance
À sauver les débris d'une auguste croyance,
À relever le trône, à rebâtir l'autel,
De crier, jour et nuit, aux peuples de la terre
Accroupis, l'œil en pleurs, sur leur lit de misère,
  Dans un abandon mutuel :

« En avant, en avant, sans relâche, sans trêve !
« Dans son lit foudroyé que la mer se soulève,
« Qu'il s'ouvre un noir volcan sous un ciel toujours bleu,
« Que la terre engloutisse un empire en détresse,
« Des profondeurs du ciel qu'un soleil disparaisse,
« En avant, en avant, sous la garde de Dieu !
« De l'occident plein d'ombre à l'orient splendide,
« Par des plaines de glace ou par des champs de feu,
« Sur la frégate anglaise ou le coursier numide,
« En avant, en avant, sous la garde de Dieu !
« Peuples, Rois, en avant, le front haut, l'œil limpide !
« Il est mort, le Passé, dans un sanglant adieu,
« Et sa lance inutile et sa crosse invalide
« Roulèrent sous son char dont se brisa l'essieu ! »

Oui, vous avez raison de franchir la barrière,
De ne plus reporter vos regards en arrière,
De repousser du pied un siècle corrompu ;
Trop de honte a terni la splendeur de ses fastes,
Trop de jours ont pris rang parmi les jours néfastes
Chez les peuples trompés où vous avez paru.

De tout ce qui fut grand il ne reste que l'ombre ;
Regardez à travers ce nuage si sombre
Que la destruction soulève autour de vous :
Partout est le néant, partout s'ouvre un abîme,
Partout gît, mutilé, le tronc d'une victime
        Qui tomba sous vos coups.

Vous avez à la Foi coupé ses vastes ailes,
Restitué le glaive aux archanges maudits,
Des temples profanés expulsé les fidèles,
À l'âme du Chrétien fermé le paradis,
Étouffé l'Esprit pur sous la Matière immonde,
D'un abject Égoïsme exaucé tous les vœux,
Placé l'Impiété sur le trône du monde,
Et mis le Désespoir au premier rang des Dieux.

Le Forum, grâce à vous, n'est qu'une impure arène,
Noir dépôt du torrent des révolutions,
Où vingt chefs opposés, égarés par la haine,
Se livrent, chaque jour, des combats furibonds,
Pour asseoir leur puissance et fonder leur empire

Sur les restes fumants de quelques libertés,
Qu'un peuple fatigué leur livre en son délire
En échange de pain et des jeux des cités.

L'Art lui-même est déchu de sa sainte nature.
Noir fantôme des nuits, à l'œil sombre et hagard,
Un lambeau de linceul compose sa parure,
Et le sang, sur sa joue, a remplacé le fard,
Et de son gosier sourd, rongé par des ulcères,
Ne s'échappent au loin que d'horribles serments,
Toujours entrecoupés de baisers adultères,
   Ou de funèbres hurlements.

Le Théâtre surtout, qui, dans les temps antiques,
D'un échafaud sublime empruntant la terreur,
Montrait à tous le vice, au nom des mœurs publiques,
Flagellé par le bras d'un poëte vengeur,
N'offre plus de nos jours que le hideux spectacle
Du triomphe impuni de viles passions,
Qui, dans leur choc aveugle, écrasent sans obstacle
La morale expirante au cœur des nations.

Et quand, à flots boueux, de cet égout infâme,
Débordent, chaque soir, sur un peuple interdit,
Les monstruosités de quelqu'ignoble drame
Où le meurtre et l'inceste, au fond d'un même lit
S'accouplent sous nos yeux, nul père de famille
Dont un pareil cynisme épouvante le cœur,
Qui voit rougir de honte et sa femme et sa fille,

Ne déserte sa loge avec un cri d'horreur !

Si du moins pour combattre et repousser le vice
Vous nous eussiez laissé quelqu'arme protectrice !....
Mais vous avez brisé notre plus ferme appui.
De la religion de nos jeunes années,
Vous avez dépouillé nos âmes profanées,
   Et nous voilà nus aujourd'hui.

Nous voilà tous flétris, tous jetés en pâture
Aux fléaux dévorants d'une aveugle nature
Où le droit du plus fort règne victorieux,
Et n'ayant plus à nous, pour reposer nos têtes,
Pour jeter les débris échappés aux tempêtes,
Que le fossé du champ creusé par nos aïeux.

Pour guérir tant de maux, expier tant de crimes,
Pour arrêter le cours de regrets légitimes,
Effacer le stygmate empreint sur votre nom,
Il faut, nouveaux Colomb, que d'une autre Amérique
Vous dotiez le berceau de votre république ;
À ce prix seulement vous obtiendrez pardon.

Trouvez-moi donc d'abord un but saint et sublime,
Découvrez-moi du mont la merveilleuse cime
Où devra s'arrêter l'arche de l'avenir ;
Faites venir le char, montrez-moi les cavales
Qui nous transporteront aux sources virginales
Où les peuples vieillis iront se rajeunir ;

Et si, dans l'embryon de votre œuvre féconde,
Point le germe vital d'un plus céleste monde
   Que ce monde en débris,
Alors, n'en doutez point, alors ma voix d'apôtre
Retentira, tribuns, aussi haut que la vôtre,
   Et redira ces cris :

« En avant, en avant, sans relâche, sans trêve !
« Dans son lit foudroyé que la mer se soulève,
« Qu'il s'ouvre un noir volcan sous un ciel toujours bleu,
« Que la terre engloutisse un empire en détresse,
« Des profondeurs du ciel qu'un soleil disparaisse,
« En avant, en avant, sous la garde de Dieu !
« De l'occident plein d'ombre à l'orient splendide,
« Par des plaines de glace ou par des champs de feu,
« Sur la frégate anglaise ou le coursier numide,
« En avant, en avant, sous la garde de Dieu !
« Peuples, Rois, en avant, le front haut, l'œil limpide !
« Il est mort, le Passé, dans un sanglant adieu,
« Et sa lance inutile et sa crosse invalide
« Roulèrent sous son char dont se brisa l'essieu. »

PRIÈRE POUR LA PATRIE

1835

Dieu protège la Belgique !

Salut, jours solennels, salut, grande semaine
Que, sous un chaud soleil, septembre nous ramène,
Le front ceint de lauriers entrelacés de fleurs,
Plus doux que dans ces temps, chers à notre courage,
Où, sur leur robe d'or, livrée aux vents d'orage,
Le sang de nos Martyrs coulait avec nos pleurs !

Propice à tous nos vœux, la Liberté chérie
A d'un baiser divin ranimé la Patrie,
L'a prise dans ses bras, réchauffée en son sein,
A calmé ses douleurs, a guéri ses blessures,
De son front chaste et noble essuyé les souillures,
Et vers un Roi nouveau conduite par la main,

Radieuse, superbe, un peu sauvage encore,
Portant avec fierté son voile tricolore,
D'une senteur de poudre inondant le chemin,
Et, sous l'œil étonné de l'Europe jalouse,
Le Prince en s'inclinant l'a prise pour épouse,
Et les peuples joyeux ont scellé leur hymen.

Christ ! qui du haut des cieux contemples nos conquêtes,
Qui bénis nos travaux, qui souris à nos fêtes,
Ô protège, à ton tour, cette sainte union !
Du trône nuptial écarte tout orage,
Que sa sagesse éclaire et que ta force ombrage
La Patrie et le Roi de notre adoption !

L'HEURE NOIRE

1836

> L'âme, comme le ciel, a ses jours de ténèbres.

Laissons au gré des flots dériver le navire,
Les bords des deux côtés sont hérissés d'écueils ;
Des deux côtés s'étend le ténébreux empire
D'une plus vaste nuit que la nuit des cercueils.

Qu'il aille s'échouer au pied du mausolée
Où dort l'orgueil éteint du plus puissant des rois,
Ou heurter de ses flancs la tombe mutilée
Qui nous cache les os d'un humble villageois ;

Même avant de toucher au terme du voyage,
Que la foudre l'atteigne et brise ses agrès,
Et jette mon cadavre aux sables du rivage,

Sous la griffe de fer du loup de nos forêts ;

Qu'importe ! de nos jours, nul n'a droit de prétendre
Aux immortels honneurs d'un glorieux tombeau ;
Nul ne sait où les vents disperseront sa cendre,
Qu'il ait brandi la torche ou porté le flambeau.

L'astre le plus serein ne parcourt sa carrière
Qu'au bruit des ouragans soulevés par nos cris,
Et quand il disparaît de l'horizon vulgaire,
Un brouillard outrageant le voile de ses plis.

Oh ! nous sommes vraiment de lâches créatures !
Tout front porte le sceau de l'immoralité,
Tout cœur est plein de fange et ridé de fêlures
Par où suintent la haine et la cupidité.

Au bout de trois mille ans, surgit-il un Alcide
Qui vienne relever les peuples abattus,
Un Thersite l'arrête, et, de son bras stupide,
Lui jette autour des flancs la robe de Nessus.

Inclinés sous le poids d'un fatal sortilége,
Nous ne sacrifions qu'à des Dieux infernaux ;
Nous ne reculons plus devant un sacrilége
Dès qu'au creuset de l'art il se fond en lingots.

Oui, si la Liberté, de son trépied de lave
Tombait morte au Forum sous un sabre sanglant,

De ses os exhumés par le bras d'un esclave,
Nous ferions du cirage ou des jouets d'enfant.

Au souffle desséchant d'un sordide égoïsme,
Le laurier se flétrit sur les plus nobles fronts,
Et livre sa dépouille aux flots d'un vandalisme
Dont on bénit le cours s'il fait hausser les fonds.

De la balance d'or dont se servaient nos Pères,
Nous n'avons conservé que le fléau pointu,
Pour en percer le cœur ou crever les paupières
Au Génie, à la Gloire, et même à la Vertu.

Assez de ces tableaux dont la vue est blessée !
D'un siècle corrompu ne creusons pas les mœurs ;
Chaque sillon qui s'ouvre au soc de la pensée,
Met à nu quelque vice à soulever les cœurs.

Aussi gardons-nous tous d'approfondir la vie ;
Notre sonde est trop courte et son lit trop fangeux.
Rasons d'un vol léger sa surface endormie,
Sans regarder trop haut ou détourner les yeux ;

Et, loin de remonter jusqu'à la source obscure
D'où part en gémissant le ruisseau de nos jours,
Ou de précipiter vers sa morne embouchure
De ses flots élargis l'irrésistible cours,

Laissons au gré des vents dériver le navire,

Les bords, des deux côtés, sont hérissés d'écueils ;
Des deux côtés s'étend le ténébreux empire
D'une plus vaste nuit que la nuit des cercueils.

POUR UN PRINCE

1835

> Qu'il vive en Homme, et règne en Roi.

Frères ! en saluant d'un hymne d'espérance
Le futur héritier du premier de nos Rois,
En appelant sur lui, le jour de sa naissance,
Les bénédictions du glaive et de la croix,
Ne lui prodiguons pas des hommages sordides,
Et que la flatterie, étrangère à nos mœurs,
Épargne, au nom du Peuple, à ses lèvres candides,
    Un lait qui corrompt tant de cœurs.

Au seuil si ténébreux du palais de la vie
Qui s'ouvre, àà ses regards, sous un ciel attristé,
Sur ce berceau royal dont le Seigneur confie
La garde et le dépôt à notre loyauté ;

S'il s'élève une voix qui caresse ou qui gronde,
En répétant ces mots chers à tous les pouvoirs :
Roi ! respect à tes droits ; qu'une autre lui réponde :
      Homme ! respect à tes devoirs.

Frères ! la Royauté, sous nos toits domestiques
Jette à peine un reflet de son premier éclat ;
Tombée, au jour marqué, de ses hauteurs antiques,
Elle n'est plus assise au timon de l'État ;
L'État, c'est le grand char, à la course splendide,
Par la flamme emporté sur un sillon d'airain ;
Le Peuple, est le chauffeur, le Parlement, le guide,
      La Royauté, le frein.

Pour régner avec gloire au sein d'un pays libre,
Le fils saura du père adopter le passé ;
Il saura des pouvoirs maintenir l'équilibre,
Sans avoir à combattre un spectre terrassé ;
Ni dynastique orgueil nourri de despotisme,
Ni rêves belliqueux d'un illustre avenir,
Ne croisent sur son front les rayons de leur prisme,
      Dont l'éclat pourrait l'éblouir.

Né, comme son pays, au milieu d'un orage,
Qu'il grandisse, avec lui, sous un ciel plus serein !
Que toujours sa vertu, que toujours son courage
S'élève à la hauteur de son noble destin !
Qu'il n'abaisse jamais, devant l'orgueil des mitres,
De son front mâle et fier la libre majesté,

Et peut-être le peuple, en faveur de ces titres,
L'absoudra de la Royauté.

FANTAISIE

1843

Que sais-je ?

Toi qui, pour découvrir l'astre d'un nouveau monde,
Lanças, plus d'une fois, ton esquif orgueilleux
Sur l'abîme grondant d'une mer vagabonde
Qui du sein de nos ports souriait à tes yeux,
Mais qui revins toujours de ton lointain voyage
La voile déchirée et les mâts en débris,
Sans avoir entrevu les palmiers du rivage
      Où tendaient tes vœux trop hardis ;

Muse ! retourne en paix aux chastes solitudes,
Reprends pour un seul jour tes calmes habitudes,
Ceins ta robe d'azur, viens, cède à mes désirs ;
Tu sais combien j'aimais, aux jours de ma jeunesse,
L'ombre de ces forêts où m'appellent sans cesse

Tant de charmants échos et de doux souvenirs.

Que de fois m'as-tu vu, bercé par leur murmure,
Visité par un hôte étranger à nos bords,
Interroger les voix de la grande nature,
        Pleines de saints accords ;
Rêver, en contemplant, à travers le feuillage,
Au bruit vague et lointain des cloches d'un couvent,
Le vol mystérieux d'un splendide nuage
        Emporté par le vent !

J'aimais à respirer les parfums des bruyères
Qui s'épandaient, le soir, sur les lacs solitaires,
Du haut des monts obscurs dormant autour de nous ;
À voir se rassembler les oiseaux de nos plaines,
Pour aller conquérir des plages plus sereines,
Des nids plus ombragés et des gazons plus doux.

Parfois même, comme eux, sans craindre les orages,
Saluant mon berceau d'un dernier chant d'adieux,
Je voulais m'envoler vers de nouveaux rivages,
        Et partir avec eux ;
Mais quand mon œil ému s'abaissait vers la terre,
Je disais, retrouvant des pas longtemps connus :
Terre de la patrie, ô sol où dort ma mère,
        Je ne te quitte plus !

Alors je peuplais l'air des plus brillants fantômes ;
J'étais riche, puissant, je fondais des royaumes,

Je sentais, sous mes pieds, le monde s'agrandir ;
Sur mon char idéal, seul, traversant l'espace,
Je transformais le globe et versais sur sa face
Tous les enchantements des siècles à venir.

Mais le temps emporta ces jours de folle ivresse
Que, jeune, on méconnaît, qu'on regrette plus tard,
Jours que voudrait en vain, au prix de la sagesse,
        Racheter le vieillard ;
Tel est souvent l'emploi des trésors de la vie :
On n'en connaît le prix que lorsqu'ils sont perdus ;
L'amour est encensé, la liberté bénie,
        Dès qu'ils sont disparus.

Pourquoi donc aujourd'hui retourner à ces plages
Qu'ont cessé d'embellir les séduisants mirages
D'un printemps, pour tous deux, à jamais éclipsé ?
Pourquoi, loin de nos bords, quand pâlit mon étoile,
À des mâts fatigués hissant une autre voile,
Remonter de mes jours le rapide passé ?

Il est doux cependant de réveiller les songes
Qui berçaient notre enfance et doraient ses loisirs ;
Il est doux d'évoquer tous ces riants mensonges,
        Tous ces chastes plaisirs ;
On renaît à leur souffle, on s'éprend de leurs charmes,
On caresse longtemps leur pieux souvenir,
Et le cœur le plus rude, attendri jusqu'aux larmes,

S'ouvre pour les bénir.

Tu les retrouveras, Muse, au pied des grands chênes,
Mollement endormis sur le bord des fontaines,
Les bras entrelacés et les cheveux épars,
Attendant que l'Esprit de la grotte voisine
Illumine, pour eux, sous la haute colline,
Ses palais de cristal fermés à nos regards.

Tous se relèveront à ton aspect magique,
Tous viendront, à tes pieds, comme un essaim d'oiseaux,
S'abattre, voltiger autour de ta tunique,
   Caresser tes bandeaux,
T'entraîner doucement vers la sainte chapelle
Où tes mains autrefois balançaient l'encensoir,
Vers l'école rustique où la Bible immortelle
   Chantait, pour toi, le soir.

Les uns, soldats, héros, bandits aux têtes d'ange,
Feront, à tes regards, défiler leur phalange
Dont un grave tambour réglait en vain l'ardeur ;
D'autres, vêtus de deuil, te conduiront peut-être
Sous un saule, où de loin, tu verras apparaître
Une ombre aux traits divins qui fut presque ta sœur.

Tous viendront, à leur tour, appelés par leur âge,
Offrir leur front candide à tes baisers chéris,
S'asseoir à tes genoux et te lire une page

          D'un livre peu compris ;
Et tu retrouveras sous leurs chastes caresses,
Et tu rapporteras de leurs douces leçons,
Des plaisirs sans remords et de saintes richesses
          Pour d'arides saisons.

Lève-toi donc, ô Muse, arrive, ouvre tes ailes,
Revole vers ces monts qui t'attendent toujours ;
Retourne t'abreuver aux sources éternelles
          De tes jeunes amours ;
Recueille le nectar des fleurs de nos vallées,
Les soupirs de la terre et les parfums du ciel,
Et les concerts flottants des sphères étoilées,
          Pour en pétrir ton miel !

Promène en liberté tes molles rêveries,
Des vallons aux coteaux, des forêts aux prairies,
Le spectacle des champs rend l'homme fort et doux ;
Il donne à la pensée un élan si vivace !
On sent doubler sa vie et s'élargir l'espace,
Quand l'ombre des cités ne pèse plus sur nous.

Mais quand tu trouveras sur ta route incertaine
Quelque grand souvenir des siècles révolus,
Quelqu'ancien monastère, ou quelque tombe humaine
          Qu'on ne visite plus,
Arrête-toi près d'eux, et là, sans les connaître,
Laisse-moi quelquefois, sous leurs gazons mouvants,

Interroger ces morts qui savent plus peut-être
    Que nous, pauvres vivants !

Arrête-toi de même aux abords des chaumières,
Quand tu rencontreras jouant sous l'œil des mères
Un beau groupe d'enfants, tout roses et tout blonds ;
Je les aime, et toujours, en les voyant sourire,
Cédant au doux appel d'un regard qui m'attire,
Je voudrais me mêler à leurs jeux vagabonds.

Arrête-toi, surtout, quand, au seuil d'un village
Tu verras s'avancer, un bâton à la main,
Quelque pâle vieillard tout mutilé par l'âge,
    Sans asile et sans pain ;
S'asseoir quelqu'humble femme au détour de la route,
Pressant un orphelin sur son sein amaigri,
Ce sein qui lui refuse une dernière goutte
    D'un lait déjà tari.

Ne crains pas de souiller tes mains blanches et pures
Au contact des haillons qui couvrent leurs blessures.
Non, approche-toi d'eux : les pleurs ne tachent pas.
Chaque larme séchée est pour ton diadème
Un fleuron dont l'éclat rend jaloux l'ange même
Qui marche à tes côtés et protège tes pas.

Puis, verse sur leurs fronts le baume de la vie,
Fraie à leurs pieds meurtris un chemin indulgent,

Raffermis et soutiens, console et fortifie
        L'infirme et l'indigent ;
Ils ont besoin de nous, leur détresse est si grande !
L'hiver étend sur eux si longtemps son linceul !
Avril n'a trop souvent des fleurs à sa guirlande
        Que pour le riche seul.

Comme les lampes d'or aux trépieds de porphyre,
Comme les vases saints pleins d'encens et de myrrhe
Parent le tabernacle et parfument le chœur,
Ainsi, sous l'œil de Dieu, les célestes pensées,
Les nobles actions en secret amassées,
Parfument notre vie et parent notre cœur.

Pars donc, comme autrefois, pour ta douce patrie,
Pour tes lacs ombragés par l'arbre des déserts
Qui vit s'épanouir ta verte poésie
        À tous les vents des airs ;
Plonge-toi tout entier dans la vaste nature :
Elle aima toujours ceux qui l'aiment à leur tour ;
Leur esprit s'agrandit et leur âme s'épure
        À ce céleste amour.

Là, tu pourras du moins, dans un silence austère,
Oublier, pour un jour, les luttes de la terre,
Remonter sur ton char à l'heure du réveil,
Redescendre le soir, et, dans une île heureuse,
Fixer, jusqu'au matin, ta tente aventureuse,
Sans craindre qu'un torrent l'emporte en ton

sommeil.

Pour abriter, plus tard, les jours que Dieu t'accorde,
Pour lui dresser dans l'ombre un humble et chaste autel,
Pour voir fleurir longtemps la paix et la concorde
        Autour d'un foyer fraternel ;
Pour attendre, en priant, l'heure de délivrance
Où tu retourneras, sous l'œil d'un saint pasteur,
Rendre compte à ce Dieu de tes jours de souffrance,
        Et de tes instants de bonheur,

Ô Muse ! enseigne-moi quelque toit solitaire
Dont jamais un écho n'ait trahi le mystère
Sans éveiller de loin un vœu cher à ton cœur,
Qui s'ouvre avec amour sous de larges ombrages
Pour recueillir les dons, si doux même aux plus sages,
D'un champ toujours fertile et béni du Seigneur.

Tout comblé des faveurs de tes bontés suprêmes,
Je n'irai plus, alors, planter ton étendard
Au milieu des combats de tant de vains systèmes
Qui luttent, pour une ombre, au milieu d'un brouillard ;
Je m'assiérai, content, sous ton riant portique,
Tu me rendras ton luth, pur comme tes attraits,
Et je couronnerai ton repos poétique
        De chants dignes de tes bienfaits.

MYTHE ET RÉALITÉ

1836

Le Roi est inviolable.

    Triomphe ! le Peuple l'emporte !
    Pilate a livré Jésus-Christ ;
    Déjà s'avance sous escorte
    Le Roi que les Juifs ont proscrit ;
    Déjà de la cour du Prétoire
    La victime a franchi le seuil.
    Sois fier, Peuple, de ta victoire !
    Le monde en portera le deuil.

Tout à coup, l'œil hagard, s'élance dans l'arène
Un juif, aux cheveux roux, à la démarche obscène ;
Sur le Christ pâle et calme il fond en rugissant,
Et, d'un ignoble geste où le mépris éclate,
Lui jette sur l'épaule un haillon écarlate,

    Plein de boue et de sang.

Et le Peuple applaudit, et sa voix de tonnerre,
   Éclatant en cris convulsifs,
  Fait répéter aux échos du Calvaire :
   Salut ! Salut, ô Roi des Juifs !

Allons ! au tour d'un autre. Il faut large vengeance.
Un vieux Pharisien en chancelant s'avance ;
La foule devant lui s'écarte avec respect ;
Sur les pieds nus du Christ lentement il s'incline,
Se relève, lui met la couronne d'épine,
    Et lui donne un soufflet.

Et le Peuple applaudit, et sa voix de tonnerre,
   Éclatant en cris convulsifs,
  Fait répéter aux échos du Calvaire :
   Salut ! Salut, ô Roi des Juifs !

Silence ! il manque un acte au sacre symbolique,
Pour qu'il soit accompli selon le rite antique.
Le Christ attend son sceptre : un nègre circoncis,
Vieil esclave, échappé des cachots du Prétoire,
Lui fixe entre les mains un roseau dérisoire,
    Et lui crache entre les sourcils.

Et le Peuple applaudit, et sa voix de tonnerre,
   Éclatant en cris convulsifs,
  Fait répéter aux échos du Calvaire :

Salut ! Salut, ô Roi des Juifs !

Peuples chrétiens d'une autre zone,
Applaudissez à votre tour :
Ce simulacre de couronne,
Ce vil haillon de pourpre à jour,
Ce sceptre ramassé dans l'herbe,
Ce Christ frappé par des ingrats,
Voilà la Royauté superbe
Qui règne et ne gouverne pas.

SOLITUDE

1833

> Tout meurt, pour rajeunir, hormis
> le cœur de l'homme.

Quel deuil mystérieux plane sur ces montagnes
Où ma Muse, encor jeune, aimait tant à bondir
Parmi les rocs penchés, qui, du fond des campagnes,
Paraissent des géants prêts à les envahir ;

À suivre, pas à pas, la trace des ruines
Dont l'histoire funèbre allait se dérouler
Autour du tronc puissant et des vastes racines
D'un château-fort qui mit dix siècles à crouler !

Ils sont morts, les cyprès dont l'ombre séculaire,
Redoutable aux ébats des nocturnes Esprits,
Protégeait les tombeaux de l'ancien monastère
Où Charles-Quint, un jour, vint prier pour son fils,

Et défendait l'accès de l'antique chapelle
Dont la voûte écroulée et les fuyants lambris
Étalent sur un sol tout ravagé comme elle
L'orgueil humilié de leurs nobles débris.

Du doux fleuve natal aux ondes caressantes
Où vogua si souvent mon solitaire esquif,
Aux pieuses clartés des étoiles naissantes,
Ou sous les feux ardents d'un soleil pur et vif,

Le sein ne frémit plus sous la chanson virile
Que lui chantaient jadis les humbles nautonniers,
Dont la barque déserte et la rame inutile
Sommeillent auprès d'eux sur nos muets chantiers.

Au pied de ce moulin aux immobiles ailes
Qui se dresse de loin devant l'œil interdit,
Comme une blanche croix que la main des Fidèles
Éleva sur le seuil d'un village maudit,

Ne brillent plus les feux, qui, sous la main des pâtres,
S'élevaient, vers le soir, dans les airs obscurcis,
Et faisaient resplendir de leurs reflets rougeâtres
Des contes du vieux temps les lugubres récits.

Un silence de mort remplace le cantique
Qui, du sein rayonnant des paisibles hameaux,
Montait aux jours d'été vers un ciel magnifique,
Avec l'encens des fleurs et le chant des oiseaux,

Et n'est interrompu que par le roc qui tombe
Et se brise en éclats dans les vallons déserts,
Ou par le cri plaintif de la pauvre colombe
Qu'un épervier vainqueur emporte dans les airs.

Mais cette solitude aride et désolée
Renaîtra, tôt ou tard, à la vie, au bonheur ;
Elle refleurira par un Dieu repeuplée…..
Qui vous repeuplera, solitudes du cœur !

AUX PAUVRES

1846

Paix aux humbles !

Tous les hommes ont leurs misères,
Tous les hommes portent leur croix ;
Heureux ceux qui, loin de leurs frères,
Ne succombent pas sous le poids !

Pauvres qui souffrez en silence,
Le riche aussi souffre et gémit ;
Pardonnez-lui son opulence,
Tolérez ce que Dieu permit.

Trop souvent obligé de feindre
Un bonheur qu'il n'a point connu,
Il est quelquefois plus à plaindre
Qu'un mendiant infirme et nu.

Qu'importe que sa table étale
Tous les vins des plus doux climats,
Tous les mets qu'une main royale
Prodigue au jour des grands repas !

Que les salons d'or de ses pères
Où tous les passants sont admis,
Regorgent, dans ses jours prospères,
De flatteurs masqués en amis !

Qu'un essaim de folles maîtresses
Trop habiles dans l'art d'aimer,
Se dispute avec ses largesses
Le vain pouvoir de le charmer !

Tout l'or qu'il se plaît à répandre
Pour inventer de faux plaisirs,
Retombe tôt ou tard en cendre
Sur son cœur mort et sans désirs.

N'en croyez donc pas ceux qui disent
Que le riche seul est heureux ;
Un jour la haine qu'ils attisent,
Peut vous dévorer avec eux.

Si vous saviez dans vos chaumières
Combien de tourments et de maux
Habitent sous les tours altières

Des palais même et des châteaux ;

Si le hasard d'une nuit sombre
Vous menait jusqu'aux murs dorés,
Qui souvent cachent dans leur ombre
Tant d'amers chagrins ignorés ;

Si la haute et splendide grille,
En s'ouvrant, livrait à vos pas
L'obscur foyer de la famille,
Triste encor de récents débats ;

Si vous pouviez compter les larmes
Tombant sur l'or et le velours,
Sur la pourpre brodée aux armes
Des hommes puissants de nos jours ;

Si l'écho gémissant des salles
Vous redisait chaque soupir
Que le marbre glacé des dalles
N'entendit pas sans tressaillir ;

Ah ! vous refuseriez peut-être
D'échanger votre pauvreté
Contre tous les trésors d'un maître
Trop vain de sa prospérité ;

Vous trouveriez votre chaumière
Plus belle que ses beaux palais,

Et votre oreiller de fougère
Plus doux que ses plus doux chevets ;

Et vous détourneriez la face,
Pour vous écrier triomphants :
Mon Dieu ! ramenez-nous de grâce
Sous l'humble toit de nos enfants.

LE HAUT-FOURNEAU.

1844.

Le Feu c'est la Vie.

Qui de nous n'a souvent, aux jours de son enfance,
Entendu raconter par quelque vieux soldat,
L'hiver, près d'un foyer heureux de sa présence,
Un combat sous l'Empire ou sous le Consulat,
Et n'a pas évoqué, dans ses rêves de guerre,
De Napoléon mort le fantôme vengeur,
Prêt à suivre, en chantant, jusqu'au bout de la terre,
    Le vol de son aigle vainqueur !

Aujourd'hui même encor qui de nous ne s'incline,
Frappé d'un saint respect pour un culte oublié,
Quand à ses yeux surgit, les bras sur la poitrine,
    L'ombre du Titan foudroyé
Qui déchaîna, quinze ans, dans sa course hardie,

Sur l'Europe des rois muette de terreur,
L'ouragan plébéien d'où sortit son génie
    En manteau d'Empereur !

    Ils peuvent être fiers, nos pères,
    D'avoir vécu sous ce géant,
    Si puissant dans ses jours prospères,
    Si grand encor dans son néant !
    Tous ont vu sans quitter nos grèves,
    À travers les éclairs des glaives,
    À travers le vol des boulets,
    Passer de front sur ses vestiges
    Quarante siècles de prodiges,
    Ressuscités par ses hauts faits !

Mais ne regrettons pas ces jeux brillants des armes
Dont l'éphémère éclat s'est éteint sans retour ;
Ils ont coûté, ces jeux, trop de sang, trop de larmes,
Pour captiver un siècle épris d'un autre amour ;
Nous aussi nous savons, dans le temps et l'espace,
Nous frayer, par le Fer, un lumineux chemin ;
Mais l'honneur des combats livrés par notre audace
    Est pur de sang humain.

Portant, avec fierté, dans les plis de sa robe,
Le sort des nations et le destin des rois,
L'Industrie, à son tour, est la reine du globe,
Et son trône s'élève à côté de la Croix ;
Car elle accomplira, par ses travaux austères,

Tout ce que la Conquête a vainement tenté ;
Car elle régnera sur les deux hémisphères,
      Par la Paix et la Liberté !

      Mais cet avenir si sublime
      Que l'homme cherche en haletant,
      Et dont il voit briller la cime
      À travers un azur flottant,
      Ne serait-ce qu'un vain mirage
      Planant sur lui pour le tromper,
      Et que demain un vent d'orage
      Se hâtera de dissiper !

Aux bords de l'horizon, voilé par les ténèbres,
Quelle étrange clarté vient de frapper mes yeux,
D'inonder, tout-à-coup, de ses reflets funèbres,
Ces lourds nuages noirs se heurtant dans les cieux ?
Quel bruit lugubre et sourd s'élève de ces plaines,
S'abaisse, se répand sur les monts, sur les flots,
Semblable au choc confus d'errantes voix humaines,
      Se brisant en sanglots ?

Épouvantant le ciel d'une nocturne aurore,
Annoncent-ils au loin le vol d'un météore,
      Précurseur de grands châtiments ?
Le vaste embrasement d'une ville opulente
Qui, sur un peuple en deuil, dans cette nuit sanglante,
      S'écroule avec ses monuments ?
Les dévastations d'un conquérant sauvage

Qui, sur nos champs en feu, promène le carnage,
        Poursuivi de longs hurlements ?

    Non, l'astre irrité des tempêtes
    Ne trouble point l'éclat des fêtes
    Qui président à nos travaux ;
    Non, le tocsin de l'incendie
    Se tait dans la tour endormie
    Et des cités et des hameaux :
    Non, le vieux lion des batailles
    Ne rugit point sous les murailles
    Où flottent nos libres drapeaux !

Et cependant le bruit grandit avec la flamme,
Et d'un secret effroi fait frissonner mon âme,
        Repliée en mon sein ;
Et je vois, quelquefois, des formes inconnues
Glisser à mes côtés, s'envoler vers les nues,
        Ramper sur le chemin,
Et, le pas suspendu, je regarde, j'écoute,
Ignorant s'il faut fuir ou poursuivre ma route,
        Ferme, et le front serein.

Poursuivons ; Quel spectacle ! À moi, Peintres, Poëtes !
Pour enrichir les Arts de nouvelles conquêtes,
Saisissez le luth d'or, la palette d'émail,
Et venez célébrer, aux pieds de la Science,
Dans sa pompe farouche et sa sombre puissance,

L'Industrie en travail.

 Au centre d'une vaste plaine
 Féconde en trésors souterrains,
 S'élève un rayonnant domaine
 Que baigne un fleuve aux noirs bassins ;
 Trompé par ce miroir magique,
 L'esprit croit voir sortir des eaux
 Toute une cité volcanique,
 Avec ses brûlants arsenaux ;
 Mais aux feux plus vifs de la grève
 Reflétés par l'immensité,
 S'éclipse la splendeur d'un rêve
 Moins beau que la réalité.

Ici, sur un champ fauve, entre deux tours jumelles,
Éclatent, dans la nuit, deux ardentes prunelles
   Aux orbites d'airain,
Dont le regard poursuit le voyageur qui passe,
Comme l'œil d'un grand tigre immobile à sa place
   Suit les traces du daim.

Là, s'ouvre brusquement, se ferme, s'ouvre encore
Une gueule de feu dont le souffle dévore
   L'épi, l'herbe, la fleur,
Et d'où sort, par moments, mince comme une lame,
Avec d'affreux hoquets, une langue de flamme
   Qui jette une âcre odeur.

Plus loin, sous des monts solitaires,
Resplendit, troué de cratères,
Un large tertre sans gazon :
Montez ! l'éruption éclate !
Des flots de vapeur écarlate
Embrasent au loin l'horizon ;
Étoilés d'étincelles blanches,
Les uns retombent sur les branches
Des ormes penchés du vallon ;
Les autres, remontant aux nues,
Tracent, sur les ondes émues,
Un large et miroitant sillon ;
Mais bientôt le vent les ramène,
Et couronne un bourg de la plaine
De leur splendide tourbillon.

Ailleurs, changeant d'aspect, la flamme violette
Découpe des clochers la noire silhouette
    Sur un fond clair et vif,
Et montre, au sein de l'ombre où se perdent les formes,
Des champs blafards, peuplés de fantômes difformes,
    À l'air grave et pensif.

Là-bas, dans la futaie, à travers les crevasses
D'un groupe de vieux murs aux ténébreuses masses,
    Reluisent de grands feux,
Qui semblent, tout sanglants, éclairer les ravages
De bandits inconnus, chassés de vingt villages

Incendiés par eux.

Partout où brille un point visible,
Pose, sous le regard surpris,
Le spectre d'un monde impossible,
Féerique empire des Esprits ;
La houille, l'argile, la pierre,
Luttent d'éclat et de lumière
Sous des toits par le temps noircis ;
Les champs, les rochers, les collines,
Portent des housses purpurines,
Au lieu de verdoyants tapis,
Et la forêt qui les ombrage
Berce ses oiseaux endormis
Au sein d'un magique feuillage
De topazes et de rubis.

Plongez maintenant sous le dôme
Du lumineux brouillard, qui, sur ce noir royaume,
Déroule, en ondoyant, son manteau constellé,
Le secoue à grand bruit, et fait, par intervalles,
Jaillir, de tous ses plis, des clartés boréales
Dont pâlit le ciel étoilé.

Au pied toujours fumant de ces colonnes sombres,
Gigantesques flambeaux d'un infernal palais,
Regardez se presser et s'agiter ces ombres
Dont l'éclat des fourneaux plisse et rougit les traits ;
Regardez, sous leurs crocs, teints d'une ardente

écume,
Le frémissant métal, par le feu dévoré,
Se tordre, s'allonger, et, sans qu'il se consume,
      Fondre en nappes de lait doré.

      Écoutez ces rumeurs profondes
      Que sillonnent des cris sifflants,
      Ces bruits de la flamme et des ondes
      Se livrant des assauts hurlants ;
      Étrange et sauvage harmonie
      D'éléments toujours divisés,
      Déchaînés là par l'Industrie,
      Et par elle aussi maîtrisés.

Mais voici, devant nous, la gloire de la plaine,
De l'empire du feu voici l'illustre reine,
      La haute et vaste Tour,
Qui, dans nos temps de paix, porte, pour oriflamme,
Sur sa tête d'airain, un panache de flamme,
      Et la nuit et le jour ;
La Fournaise géante, où le fer et la houille
Se dévorent entre eux, en changeant de dépouille,
      Dans un combat à mort,
Pour renaître plus purs, revivre moins informes,
Servir l'homme étonné sous de plus nobles formes,
      Et le rendre plus fort !

Toi dont le souffle ardent disperse dans l'espace
L'encens que l'Industrie offre à la Liberté,

Jadis une autre tour s'élevait à la place
Où grandit maintenant ta jeune royauté :
Tour où de hauts barons avaient bâti leur aire,
Pour fondre sur nos champs et piller les moissons
Que ces preux rapportaient à leur noble repaire,
Avec du sang aux mains et du sang aux talons ;

Tour dont jamais le pauvre, à l'heure où tout est sombre,
N'osait, sans se signer, regarder les créneaux ;
Tour que le riche même, abrité par son ombre,
Sentait avec terreur peser sur ses châteaux ;
Tour où sonnait sans cesse un bruit plaintif de chaînes
Qui glaçait d'épouvante et le faible et le fort ;
Tour maudite, où siégeaient, dans des cours souterraines,
La rapine, le vol, la torture et la mort.

Huit siècles avaient vu, sous le choc des batailles,
S'étendre son pouvoir sur un sol désolé,
S'élargir ses fossés, s'agrandir ses murailles,
Monter, de bloc en bloc, son faîte crénelé ;
Mais quand elle se crut, superbe et sans rivale,
Reine d'un univers gouverné par l'effroi,
Tu parus, tu surgis, et la tour féodale
Du haut de son orgueil s'écroula devant toi ;

Et le peuple applaudit, et quand, ivre de haine,
Il eut mis en lambeaux son cadavre insulté,

Toi, sur ces noirs débris, tu dressas dans la plaine
De ton sommet vainqueur l'ardente majesté ;
Et tu vis, à tes pieds, sous des ruches nombreuses
Qu'éleva le Travail et que le ciel bénit,
Éclore des essaims de familles heureuses
Qui reçurent de toi le pain qui les nourrit.

  Ah ! l'Industrie est noble et sainte,
  Son règne est le règne de Dieu ;
  Elle aussi gouverne sans crainte
  Et par le fer et par le feu ;
  Mais c'est par le feu qui féconde,
  C'est par le fer qui reconstruit ;
  À son appel, un nouveau monde
  S'élança d'un monde détruit.

  Brillant de jeunesse et de grâce,
  Le globe a, sous sa large main,
  Senti renouveler sa face,
  Et doubler la vie en son sein ;
  Et, pour répondre à ses caresses,
  Pour reconnaître ses bienfaits,
  Le globe a livré les richesses
  De ses mystérieux palais.

  Debout, le front haut, l'Industrie
  A recueilli ces saints trésors,
  Par l'Audace et par le Génie
  Conquis au prix de tant d'efforts ;

  Et, magnifique tributaire,
  Les a répandus à son tour,
  En torrents d'or et de lumière,
  Sur le globe altéré d'amour.

  Ainsi s'agrandit l'héritage
  De l'éternelle humanité.
  Arrière donc le triste sage
  Qui n'aime Dieu que d'un côté !
  Arrière le Faust pâle et grave
  Pour qui la matière est la mort !
  Un peuple indigent est esclave,
  Un peuple riche est libre et fort.

Mais non, qu'ils viennent tous, ces fils de la lumière,
Ces hommes, purs esprits, qui, fiers de leur savoir,
Ont lancé l'anathème au front de la matière,
Sans avoir ni sondé, ni compris son pouvoir ;
Insensés dont l'orgueil a dit à la nature
Étalée, autour d'eux, dans son faste charnel :
  Tu n'es que cendre et pourriture,
  Ton Dieu n'est pas le Dieu du ciel !

Qu'ils viennent contempler la seule œuvre de gloire
Dont ce siècle n'ait point à demander pardon ;
Qui fera respecter et bénir sa mémoire
Par les peuples futurs qui vaincront en son nom ;
Et peut-être, à leur tour, verront-ils apparaître,
Du pied d'un autre Oreb et sous la nue en feu,

Dans ces combats de l'homme où s'agrandit son être,
La face visible de Dieu !

  L'heure est propice et solennelle,
  Tout est morne comme un tombeau ;
  La tour, en grondant, nous appelle,
  Marchons au feu de son flambeau !
  Allons, geôlier, ouvre la cage
  Où rugissent tes grands lions ;
  Saluons du moins au passage
  Les Princes de ces régions !

Hourra ! les voilà donc réunis dans leur antre,
Dressés sur leurs pieds noirs, allongés sur le ventre,
Sinistres, rayonnants, magnifiques, hideux,
Tous ces Mammouths d'airain, géants de l'Industrie,
Vivant par la vapeur, et transmettant la vie
À des monstres vassaux dispersés autour d'eux,
  Qui reniflent, grondent, mugissent,
  Sifflent, grincent, râlent, glapissent,
  Tordent le fer, mâchent l'acier,
  Déchirent le bronze rebelle,
  Et, sous le bras qui les harcèle,
  Les irrite et les fait crier,
Hurlent, avec douleur, dans l'atmosphère ardente,
Comme au fond d'un enfer, des hydres, des dragons,
Tourmentés, torturés sur leur couche tremblante,
Par les fourches de fer d'implacables démons !

À genoux devant ces merveilles
D'un Art qui jeta, triomphant,
Au monde enrichi par ses veilles,
Le don d'un nouvel élément !
À genoux ! et que nos hommages,
S'élevant vers le roi des cieux,
Répondent à ces cris sauvages
Par un hymne mélodieux.

Ô phare voyageur de l'antique Idumée,
Flamme, pendant la nuit, pendant le jour, fumée,
Colonne de vapeur qui portes jusqu'au ciel,
Sous les noms éclatants dont notre orgueil te nomme,
Des trésors de la terre et du pouvoir de l'homme
     Le témoignage fraternel !

À travers les déserts, comme aux temps de Moïse,
Guide les nations vers la terre promise,
Aplanis, sous leurs pas, et les mers et les monts,
Et fais régner nos fils, en Rois, sur la matière,
Pour qu'ils puissent, un jour, lever vers la lumière
     Des bras libres comme leurs fronts !

Debout ! le noir granit des dalles
Tremble autour des monstres soufflants ;
On sent s'abattre par rafales
Le Vertige éclos dans leurs flancs.
Debout ! laissons-les seuls dans l'ombre
S'abandonner à leurs ébats ;

La Forge éblouissante et sombre
Vient de s'ouvrir devant nos pas.

Quel bruit ! quel mouvement ! quel éclat ! quelle foule !
Au choc des lourds marteaux, au cri des laminoirs,
Voyez-vous affluer, tourbillonnante houle,
      Tous ces ouvriers noirs,
Spectres dont, par moments, un grand vol d'étincelles
Sillonne en traits de feu les larges seins velus,
Les épaules de bronze aux humides aisselles,
      Et les torses trapus ?

Frères ! les voyez-vous, tous ces hardis athlètes,
Lutter avec le Fer, lutter avec le Feu ?
Sur ce damier brûlant ils apportent leurs têtes,
Quand nous n'y jetons, nous, qu'un sac d'or pour enjeu !
Mille fois, en un jour, pour un douteux salaire,
Ils affrontent la mort sans pâlir à son nom,
Plus grands, dans l'atelier, sous l'habit populaire,
      Que sous le harnais militaire
Sur un champ de bataille en face du canon.

      Ah ! c'est qu'au fond de leurs poitrines
      Palpitent des cœurs généreux,
      Fermés au souffle des doctrines
      Qui dégradent l'homme à ses yeux ;
      Que l'Honneur, la Foi, la Justice

        Réclament un grand sacrifice,
        Tous vous les verrez accourir,
        Heureux d'offrir à la Patrie
        Deux bras pleins de force et de vie,
        Pour la défendre ou la nourrir !

Justice donc pour eux, Riches et Grands, justice !
Pour relever nos lois au niveau de nos mœurs,
Raffermir des États le moderne édifice,
        Il faut que tous ces travailleurs,
Soutiens d'une patrie opulente et prospère,
Puissent prétendre, au moins, aux honneurs du soldat,
Aient une part plus large aux bienfaits de leur mère,
        Marâtre au cœur souvent ingrat,
Et trouvent, à la fin d'une carrière utile,
Près d'un foyer plus pur, digne du sol natal,
Le bonheur de mourir sur un chevet tranquille,
        Loin du bagne et de l'hôpital.

        Mais le travail grandit sans cesse
        Sous la Forge qu'il envahit ;
        Partout, de près, de loin, se dresse
        Un acteur d'airain qui rugit.
        À travers l'ardente mêlée
        Passons, l'œil sur chaque lutteur ;
        Le Fer est mûr pour la coulée,
        Et le moule attend le fondeur.

Place ! Place ! des flancs de la tour éventrée

Sort un serpent de lave ; il vient, grandit, s'étend,
Trouve un lit pour ses flots, en envahit l'entrée,
Se gonfle, se déroule, et s'avance en torrent ;
Mais un geste de l'homme arrête son audace,
Et le torrent captif, se changeant en ruisseau,
Vient, dans un lac de feu, sans bruit et sans menace
      Se perdre aux pieds de son berceau.

    Mais l'œuvre n'est pas accomplie ;
    À vous, Amis, de l'achever,
    Nobles soldats de l'Industrie,
    Ardents et prêts à tout braver !
    Une autre lutte vous réclame,
    Où combat seul le bras humain ;
    Car il faut que le lac de flamme
    Se transforme en un lac d'airain.

    Bien ! bien ! sur la fonte écarlate
    Qui bouillonne dans son lit d'or,
    L'eau tombe, retentit, éclate,
    Tombe, bondit, éclate encor,
    Tombe, en soulevant un nuage
    Qui monte en tourbillons fumants,
    Aux clartés d'un splendide orage
    Tout étoilé de diamants !

Assez ! la flamme expire, et la fonte noircie,
Étalant à nos pieds sa surface durcie,
      N'est plus qu'un bloc confus.

Qu'importe que la tour, la tour intarissable,
Lui renvoie, à pleins bords, par ses canaux de sable,
Des flots toujours brûlants, des flots toujours accrus !
Arrêtée en son cours par une main puissante,
    La lave incandescente
S'engloutit sous la terre et ne reparaît plus.

    Garde-la, dans ton sein, ô Terre !
    Couve-la dans tes flancs de mère,
    Mûris la moisson de métal ;
    Une sueur sainte et féconde
    A fertilisé de son onde
    L'argile du lit nuptial ;
    Et quand le fondeur qui t'implore
    Viendra, demain, avant l'aurore,
    Réclamer ton trésor natal,
    Rends-le, sans regret ni murmure,
    Dépouillé de la fange impure
    Qui ternit son fer virginal !

    Et quand un Maître plus sévère
    Viendra, plus tard, d'une autre sphère,
    Sur son char au brûlant essieu,
    Réclamer les moissons humaines
    Que gardent tes monts et tes plaines,
    Tes mers sans fond et sans milieu,
    Ô Terre, puisses-tu de même,
    Au jour de ce réveil suprême,
    Nous déposer au pied de Dieu,

>   Exempts de remords et d'alarmes,
>   Lavés du péché par nos larmes,
>   Et purifiés par le feu !

Silence ! Sous ces murs aux voûtes colossales
Aurions-nous réveillé les ombres sépulcrales
Qui donnaient sous la nef d'un vieux cloître abattu ?
Quelques noirs Nécromans, un démon à leur tête,
Nous auraient-ils conduits à la sinistre fête
>   D'un sabbat inconnu ?

>   Écloses sous l'œil du mystère,
>   Partout jaillissent de la terre
>   De scintillantes fleurs d'azur.
>   Sœurs des étoiles les plus belles,
>   Toutes répandent autour d'elles
>   L'éclat du saphir le plus pur ;
>   Et l'œil qui les regarde vivre,
>   Jouer, folâtrer, se poursuivre,
>   S'étreindre en caressants assauts,
>   Croit voir, sous ces bleuâtres flammes,
>   Briller et voltiger des âmes
>   Sur de mystérieux tombeaux.

Tout à coup, au dehors, une trombe tonnante
S'engouffre en tournoyant dans la tour rayonnante,
Traverse d'un seul bond toute sa profondeur,
Et, balayant les murs du vent de sa colère,
Refoule vers le sol la flamme du cratère,

Qui s'échappe, remonte, éclate avec splendeur,
S'ouvre en gerbes de feu, s'arrondit en arcade,
Ruisselle de la voûte en grésillant métal,
Et retombe, à nos pieds, lumineuse cascade,
    En neige d'or et de cristal.

    Puis la nuit envahit l'arène,
    Le bruit meurt sur le sable ému,
    La tour même respire à peine,
    Pâle du sang quelle a perdu ;
    Un nuage muet et sombre
    Plane sur son front sans éclairs,
    Et rien n'interrompt plus dans l'ombre
    Le silence des champs déserts.

    Seule, une errante et faible brise
    Redit quelquefois aux échos
    Les chants du soir d'une humble église,
    Illuminée au bord des flots ;
    Hymne des pasteurs du village
    Qui s'élève du saint portail,
    Comme un vague et céleste hommage
    À la puissance du Travail !

Oh ! qui que vous soyez, fils d'un siècle profane,
À ce divin cantique unissez votre voix,
Bénissez, avec nous, l'Être dont tout émane,
Et qui fit du travail la plus sainte des lois ;
Remerciez ce Dieu dont la haute sagesse

Soumit l'homme rebelle à ce joug rédempteur,
      Seul élément de sa richesse,
      Seul instrument de sa grandeur !

Et vous qui prétendez dépouiller l'Industrie
Du plus noble attribut de la Divinité,
Qui couronnez son front des palmes du génie,
Mais en lui refusant le don de la beauté ;
Jetez donc un regard sur la plaine enflammée
Où ses pavillons d'or flottent autour de nous,
Suivez, dans les combats, sa pacifique armée,
      Et dites-moi, qu'en pensez-vous ?

N'est-ce pas qu'il est beau, qu'il est grand, ce spectacle,
Et qu'on est quelquefois tenté de s'écrier,
Dans un transport d'orgueil qui fait tout oublier,
      Même le plus pompeux miracle :
Là haut, dans leur splendeur, se déroulent les cieux,
Dans cette ombre, là-bas, gît la terre où nous sommes,
Voilà l'œuvre de Dieu, voici l'œuvre des hommes,
      Quelle est la plus grande des deux ?

      Non, non, point de blasphème impie !
      Admirons, ne comparons pas.
      Dieu crée, et l'homme modifie ;
      À lui l'Esprit, à nous le bras !
      Devant sa Royauté suprême,

Plions, sans rougir, les genoux ;
Mais dans notre esclavage même
Restons fiers et dignes de nous.

Que d'immenses travaux, que d'éclatants prodiges
Notre âge n'a-t-il pas déjà vus s'accomplir !
Que de projets plus grands, éclos sur d'humbles tiges,
N'attendent qu'un rayon, qu'un souffle pour mûrir !
En changeant de destin aux mains de l'Industrie,
Le Fer du monde entier changea l'antique sort :
Il féconda la terre et fit fleurir la vie
Où jadis il semait la mort.

Jeune et puissant Protée aux formes toujours neuves,
Il vogue, ardent navire, à tous les vents des mers,
S'allonge en ponts hardis sur le lit de nos fleuves,
Fend, remorqueur tonnant, l'immensité des airs,
Se roule autour du globe en splendide ceinture,
Rampe, en canaux de gaz, sous le sol tourmenté,
Et porte aux nations, avec leur nourriture,
La lumière, la paix, l'ordre et la liberté !

Ainsi toujours fidèle à la voix des Poëtes,
Qu'il s'épande en bienfaits sur la création ;
Au domaine de l'homme, accru par ses conquêtes,
Que chaque année ajoute un plus large sillon ;
Pour que l'Histoire, un jour, en déroulant ses fastes,
Apprenne, avec orgueil, à la postérité,

Que le règne du Fer n'eut point de jours néfastes,
Mais qu'il fut l'âge d'or du monde racheté !

WATERVLIET

1831

Mort pour la Patrie.

C'est ici que tomba l'élite de nos Braves,
C'est ici que mon frère est mort pour son pays,
    Mort, à vingt ans, sous les canons bataves,
      La tête emportée en débris.

Oh ! celui-là du moins n'a pas jeté ses armes,
N'a pas abandonné son poste périlleux ;
Inaccessible et sourd à d'indignes alarmes,
Il est tombé sans peur et sans baisser les yeux.

      C'est bien ! il a rempli sa tâche,
      Et nul, mon Père, ne viendra
      Te dire : Ton fils fut un lâche.
      C'est bien ! gloire à qui le suivra !

Gloire ? non, non, pitié, pitié pour tous ces hommes
Pour qui le don d'un sabre est un bienfait du ciel,
Qui, l'œil tout rayonnant, répondent : nous y sommes ;
    Quand du tambour ils entendent l'appel ;

Plongent dans les combats comme au fond d'une orgie,
Et, de retour au camp sous un drapeau vainqueur,
Jettent de longs regards sur la plaine rougie
    Où sous le feu s'exalta leur valeur ;

Puis tombent, égarés, sur un lit de souffrance,
Et meurent dans leur sang en se plaignant tout haut
Que le vieux général qui guida leur vaillance
    Toujours au camp les ramène trop tôt.

    Soldats ! pour le bonheur du monde,
Vous ne pouvez plus rien ; non, vos chefs ne sont plus
Les symboles vivants du Verbe qui féconde :
    Place donc à d'autres élus !

Place ! l'humanité ne veut plus de la guerre,
Et, du sein de vos rangs troués par le canon,
Ne s'élancera plus au sommet de la terre
    Charlemagne ou Napoléon.

En vain reclouez-vous le char de la vengeance,

Dans la tranchée, en vain, rougissent les boulets,
S'ajuste la cuirasse et s'aiguise la lance,
  Et frémit l'acier des mousquets ;

Dieu ne permettra pas que votre main impure
Brise l'agrafe d'or de la riche ceinture
  D'amour et de beauté,
Que lui-même a nouée autour des flancs sauvages
De la terre souffrante et livrée aux ravages
  De l'homme révolté,
Pour calmer ses douleurs, pour amortir ses haines,
Et pour transmettre au sang qui coule dans ses veines
  Sa propre sainteté.

Jetez donc là le glaive et ce sombre plumage
Qui se flétrit et tombe au souffle de la Paix,
Et jonchera bientôt de son vain étalage
  L'antichambre de nos palais.

Soldats ! je vous le dis : l'homme est las de la guerre.
Le sang versé par vous sera du sang perdu,
Quelque pur qu'il puisse être ; aussi le tien, mon frère,
  Fut-il vainement répandu,

Et ne fera-t-il pas, au fond de nos vallées,
Disparaître et périr l'herbe aux sucs vénéneux,
Ni pousser, dans nos champs, des gerbes étoilées
  Aux épis plus nombreux.

Et pourtant je ne puis te plaindre,
Je ne regrette pas ta mort,
Et je sens, chaque jour, s'éteindre
Ma tendre pitié pour ton sort.

Échappé grand et pur d'un combat trop funeste,
On aurait fait de toi ce qu'on a fait de nous ;
On t'aurait vendu, frère, en masse, avec le reste,
    À notre vieux maître en courroux,

Tandis que maintenant, loin d'un peuple d'esclaves,
Tu dors enveloppé dans ton grand manteau bleu,
Tu dors heureux et libre et cher à tous les braves
    Au sein paternel de ton Dieu !

LE CHANT DU PROLÉTAIRE

1831. — 1841.

> De l'œil des Rois on a compté les larmes ;
> Les yeux du Peuple en ont trop pour cela.

Quand sur les splendides ruines
De ce siècle âgé de trente ans,
L'essaim des nouvelles doctrines
S'abattit à cris triomphants,
Un poëte éclos sous leurs ailes,
Qui les suivait dans leur essor,
S'éprit d'amour pour l'une d'elles,
Et chanta plein d'espoir encor :

Gloire à toi, Saint Simon ! Gloire aux fils de ta race !
Quand je trouvai ton pied empreint dans mes sillons,
Quand ton souffle vivant passa devant ma face,
Je sentis, sur ma chair, frissonner mes haillons ;
Et les signes des temps sur ma tête éclatèrent,
Et je me dis alors : Jeune homme, lève-toi,

Lève-toi du grabat où les Grands te jetèrent,
 Au nom profané de la Loi !

Mais mon corps était faible et tout couvert de plaies,
Et mes os décharnés se heurtaient en tremblant,
Et les corbeaux hideux et les mornes orfraies
Me menaçaient déjà de leur bec insolent ;
Il fallait à mes pas un appui tutélaire ;
Je tendis vers un Grand ma suppliante main,
Mais il me laissa, seul, étendu sur la terre,
 Et passa son chemin.

Dieu descendit alors touché de ma souffrance,
Il vint, me releva, me rendit la santé,
Puis, quand il eut sur moi, dans l'ombre et le silence,
Tendrement accompli sa sainte volonté,
Il marcha vers le Grand, armé de sa justice,
Il apprit à ses yeux à connaître les pleurs,
Il châtia sa chair, et, devant son supplice,
 Fit pâlir mes douleurs.

Mais bientôt le clairon d'un messager de guerre
Ramène, humble et troublé, cet homme à nos genoux :
Il vient pour racheter d'une mort trop vulgaire
Les jours d'un fils promis à des destins plus doux ;
Parcourant d'un regard qui tente de sourire
Mes membres ranimés et guéris de leurs maux,
Il bénit le Seigneur, et semble me prédire

Pour d'autres temps des dons nouveaux.

Ah ! c'est qu'il m'a trouvé bon pour la boucherie !
Regardez ! il se lève, il s'approche de moi,
Me guide avec respect vers ma mère attendrie,
Fait briller un peu d'or… Riche, retire-toi !
Je connais le secret de ta noble tendresse,
Mon Dieu !… Sais-tu pourquoi ton insensible orgueil
A déposé sa morgue et laissé sa rudesse
      Sous l'humble ormeau de notre seuil ?

Pour que je coure, ô Grand, moi pauvre prolétaire,
Défendre, n'est-ce pas, tes superbes châteaux,
Agrandir d'un arpent tes mille arpents de terre,
Ajouter une tête à tes vastes troupeaux,
Multiplier les mets sur ta splendide table,
Élargir les caveaux de tes joyeux celliers,
Et creuser des canaux dans nos déserts de sable
Pour l'écoulement seul de l'or de tes fermiers.

Pour que je coure, ô Grand, sous les cendres des villes
Exhumer pour tes fils des dignités serviles,
De rayonnantes dots pour tes filles nubiles,
Fières de captiver l'œil d'un amant royal ;
Et pour tes favoris de riches sinécures,
Pour tes laquais dorés de nouvelles parures,
Et des joyaux sans prix pour les Phrynés impures
      De ton harem oriental.

Pour que je coure, ô Grand, châtier l'insolence
D'un despotisme altier qui brisa ton blason,
Reconquérir tes droits suspendus à sa lance
Percés de coups d'épée et de coups de canon,
Arracher, l'arme au bras, d'une tente ennemie,
La noble Liberté qui veille à tes trésors,
Et lui construire un temple au sein de ta patrie,
Avec les ossements de tous mes frères morts !

Mais moi, que gagnerais-je, au retour des batailles
Où j'aurais prodigué le plus pur de mon sang,
Et fait à ton orgueil un lit de funérailles,
      Et conquis un illustre rang ?
De magnifiques droits ! — Excepté le plus juste :
Le droit de réclamer, au nom d'un pacte auguste,
Ma part du grand banquet dont le pauvre est sevré.
Des libertés sans nombre ! — Excepté la plus sainte :
La liberté de vivre, à l'abri de la crainte,
      Du prix d'un travail assuré.

Va ! garde-les pour toi ces dons que tu me vantes,
Je ne me nourris point de paroles savantes ;
      C'est du pain qu'il me faut,
Un oreiller plus doux pour reposer ma tête,
Un foyer mieux nourri pour braver la tempête,
      Un vêtement plus chaud.

Libre ainsi par le corps, je veux l'être par l'âme.

Je veux pouvoir, un jour, me choisir une femme,
Me créer, sous son aile, un sort selon mes vœux,
Élever des enfants qui béniront leur père,
Et sauront s'affranchir du joug de la misère,
      Eux, et leurs fils, et leurs neveux.

    Ce grand jour ne luit pas encore,
    Mais déjà mon front se colore
    Des premiers feux de son aurore,
    Doux comme un regard du printemps,
    Tandis qu'une nuit plus profonde,
    Pleine de l'orage qui gronde
    Aux confins de l'antique monde,
    S'abaisse sur les yeux des Grands.

    Par la lucarne de ma geôle,
    J'entends, le soir, une parole
    Qui me caresse et me console,
    Monter doucement vers mon cœur,
    Tandis qu'une voix menaçante
    Rugit sous la porte insolente
    Du salon d'or où rit et chante
    L'ivresse de mon oppresseur.

Ah ! calme donc, ô Grand, ces transports d'allégresse,
Ne prolonge pas trop les ébats du festin,
De peur qu'un spectre armé, de sa voix vengeresse,
Sous tes toits en débris ne t'éveille au matin !
Par des dons généreux conjure la tempête ;

Rien ne peut retarder l'heure qui doit venir ;
Il faut qu'il soit enfin déployé sur ta tête,
Il faut que de tes mains tu viennes le bénir,
L'étendard salué de ce cri de conquête :
      Vivre en travaillant ou mourir !

Tu viendras. Dieu le veut ! Tu viendras, sans m'attendre,
Toi-même l'arborer, toi-même le défendre,
Au nom de la Justice et de la Charité ;
Tu viendras de mon front effacer l'anathème,
Tu viendras m'apporter le glorieux baptême
      D'une plus sainte Égalité.

Je ne fus pas créé pour ramper sur la terre,
Pour végéter au seuil d'un stérile vallon ;
Dieu ne m'a pas jeté dans le champ de mon père
Pour grandir sous sa bure et porter son bâton ;
Dieu ne m'a pas doué de cet œil plein de flamme
Pour garder le troupeau qui vit sur le fumier,
Et ma voix cède mal au souffle de mon âme
Pour chanter des Noëls aux filles du fermier.

Je sens, avec orgueil, jeune et vaillant athlète,
Palpiter, dans mon sein, quelque chose de grand ;
Je sens, sous mes haillons, que mon être reflète
L'éclat d'un avenir qu'il cherche en haletant ;
Je sens que mes pensers m'étouffent près de l'âtre
Où travaille ma mère, où rit ma jeune sœur,

Et qu'il me faudrait, seul, un vaste et beau théâtre,
Pour déployer ma force et répandre mon cœur.

Pourquoi donc suis-je, moi, né sous un toit de chaume ?
Pourquoi ne suis-je pas le fils d'un de ces Grands
Qui, du haut de leur char, traînent par le royaume
L'inutile fardeau de leurs jours ignorants ?
Pourquoi faut-il que moi je vive de racines,
Étendu près d'un soc trempé de mes sueurs,
Lui, des blés de ses champs, des vins de ses collines,
      Assis sur la soie et les fleurs ?

Pourquoi faut-il que moi, Paria de nos villes,
Je marche, parmi tous, seul vêtu de haillons,
Lui, d'opulents tissus, teints par des doigts habiles,
Mais trop souvent salis par l'or des histrions ;
Que moi, son frère enfin, je dorme sur la pierre,
À l'angle d'une étable ouverte à tous les vents,
Lui, sur un doux chevet, à l'ombre hospitalière
      D'un palais respecté du temps ;

Moi, plus puissant que lui, plus puissant que sa race,
Par le bras, par la tête, et surtout par le cœur ;
Moi, qui pourrais un jour, si j'étais à sa place
Relever sur ce sol le phare du Sauveur ;
Moi qui, sur mon sein nu pressant les flancs du monde,
Pourrais les féconder d'un seul de mes soupirs,

Mais dont la force, hélas ! plus stérile que l'onde,
S'évapore et se perd en impuissants désirs ?

   Frères ! c'est que de la Conquête
   Perpétuant l'iniquité,
   Nos lois ont mis à prix la tête
   Du travailleur déshérité ;
   Frappé même de déchéance
   Son âme et son intelligence
   Dont un Dieu racheta les droits,
   Pour confier dans leur sagesse
   Au sceptre d'or de la Richesse
   Le salut du Peuple et des Rois.

Anathème à ces lois d'un temps de barbarie
Qui livrent au Hasard le sort de la cité ;
Pour garder leur empire étouffent le génie
Sous le poids de la honte et de la pauvreté ;
À l'homme qui travaille enlèvent son courage
Et disputent sans cesse un pain noir et chétif,
Qui tombe, avec ses pleurs, à titre de fermage
Au bassin féodal d'un orgueilleux oisif !

Anathème à ces lois qui frappent d'impuissance
La chair de l'Indigent en sa virilité,
Jettent sur son chemin la perfide semence
Des crimes qu'inventa leur immoralité,
À ses moindres écarts l'enlèvent dans leur serre
Pour le précipiter au pied des échafauds,

Et d'un rire infernal accueillant sa misère,
Proclament sans pudeur tous les hommes égaux !

Qu'il tombe donc enfin cet informe édifice
Où, depuis trois mille ans, les chefs des nations
Sont venus, tour à tour, au nom de la Justice,
Forger, les uns, des fers, les autres, des bâillons,
Tous, déshonorer l'homme, en dressant un supplice
Devant l'égarement des grandes passions !

  Peut-être à cette œuvre suprême
  De salut et de liberté,
  Le Dieu que j'adore et qui m'aime
  M'admettra-t-il dans sa bonté,
  Lui qui tant de fois en ma vie
  Arma mon bras nerveux et nu,
  Pour châtier l'orgueil impie
  Des Grands qui l'avaient méconnu.

Oh ! si je prévoyais qu'une aussi noble tâche
Dût illustrer mon nom promis à l'avenir,
Détournant mes regards d'un monde vil et lâche,
Le front vers l'orient, j'attendrais sans gémir
Qu'il s'ouvrît, le jardin aux mystiques allées,
Serpentant à travers une riche moisson,
Et s'arrêtant au seuil des portes étoilées
  Du grand temple de Saint-Simon ;

Temple de bronze et d'or, où des peuples sans

nombre
Viendront de leur amour LUI porter les tributs,
Et derrière lequel s'élèvera dans l'ombre
Ce Présent si vanté, si cher à ses élus,
Comme la tour romaine ou l'église gothique
Que le temps foudroya dans son vol irrité,
Mais dont s'élève encore à l'horizon antique
      Le cadavre décapité.

Déjà dans cet Éden hardiment élancée,
Loin du sol indigent arrosé de mes pleurs,
Mon âme quelquefois revit par la pensée,
Et cette illusion adoucit mes malheurs,
Et, dans ces courts instants où le ciel se découvre,
J'oublie et mon vieux chaume et mon destin de fer,
Et ce monde hideux dont le sein ne s'entrouvre
Que pour m'envelopper de ses vapeurs d'enfer.

Là ne me suivent pas ces gigantesques vices
Qui du fond de leur lit soulèvent les États ;
Ni le pouvoir des Grands, qui, forts de lois complices
Moissonnent les champs mûrs et ne les sèment pas ;
Ni les mornes douleurs du pâle prolétaire
Qui meurt de faim, de froid, par droit d'hérédité ;
Ni ce Code Pénal qui gouverne la terre
Avec le vieux tronçon d'un glaive ensanglanté.

Pourquoi le cri plaintif qui part des bergeries,
Les appels familiers du chien de basse cour,

La mugissante voix du taureau des prairies,
Pourquoi, tocsins vivants, viennent-ils, tour à tour,
Me rappeler du sein de mon céleste rêve,
À ces travaux de serf qui mutilent mon corps,
Lentement, goutte à goutte, en épuisent la sève
Et de mon âme en deuil flétrissent les trésors !

Oh ! loin de moi, pourtant, loin de moi la pensée
De chercher mon bonheur au guêpier du frelon !
Qui donc peut aspirer à la vie insensée
   Du mendiant ou du larron ?
J'admire l'homme-Dieu qui sait par son génie
Sur l'autel de la Paix multiplier le pain,
Et je veux, à mon tour, que l'aube de ma vie
   S'allume à son flambeau divin.

Mais d'un maître arrogant subir la loi stupide,
Vivre aux pieds de la brute et ramper son égal,
Livrer à la matière un combat homicide
Entre l'ignoble bagne et l'ignoble hôpital ;

Et sentir, jour et nuit, dans mon âme profonde,
Retentir une voix à célestes échos,
Palpiter le secret qui doit sauver un monde,
Aspirant par ses pleurs à des autels nouveaux ;

Sans pouvoir apaiser l'onde toujours grondante,
Secouer de mes pieds la fange des sillons,
Franchir les murs d'airain de ma fournaise ardente,

M'élancer, libre et fier, de ma fosse aux lions ;

Sans découvrir, de près ni de loin, une issue,
Un être qui m'appelle, un homme à l'œil aimant,
Une blanche colombe au flanc noir de la nue,
Oh ! c'est là, Grand du siècle, un horrible tourment !

Aussi, malheur à toi qui règnes sur la terre,
Si ton cœur me repousse et ne me comprend pas ;
Si tu ris, du sommet de ta brillante sphère,
Des tisons enflammés que te lance mon bras ;
Si tu crois apaiser la soif de ma justice,
En versant, dans le broc que m'a laissé ta loi,
Un peu d'or, extorqué par ta vile avarice
      À des malheureux comme moi !

Viens ! aide-moi plutôt à sortir de l'abîme,
Tu ne gagnerais rien en m'y laissant périr ;
D'autres, plus forts que moi, vengeraient ta victime.
Viens ! viens ! que tardes-tu ? tes bras vont-ils s'ouvrir ?
Non, tu baisses les yeux, tu détournes la tête ;
Eh bien, va, cours vider la coupe de ton sort.
Nous verrons qui de nous pleurera sa défaite,
Moi, fils d'un Dieu vivant, ou toi, fils d'un Dieu mort.

      Le voilà donc connu cet homme
      Qui se prétend si généreux,

Que jamais le Malheur ne somme
D'écouter les cris douloureux,
Sans que son oreille soumise
Ne les recueille, et que sa voix
Ne les renforce et les redise
À l'écho du trône des Rois !

Ô malédiction ! travaille, souffle, sue :
Qu'au seuil des palais d'or la misère te tue,
Que le crime, à son tour, t'enlève tes enfants,
Que l'opprobre et le deuil remplissent ta chaumière,
N'importe ! courbe-toi, rentre dans ta poussière,
    Étouffe le cri de tes flancs !

Du sein du monde et de ses fêtes
Qui donc élèvera la voix,
Pour défendre et sauver nos têtes
Dans la banqueroute des lois,
Et nous conduire par l'orage
Qui dépeuple nos toits lépreux,
À la conquête d'un rivage
Semé d'abris plus généreux ?

La Tribune est debout encore
Sur ses fondements raffermis,
Et conserve un écho sonore,
Riche ! pour tes superbes cris ;
Mais le cri que le pauvre jette
Meurt sans écho dans ses flancs sourds,

   Et ne trouve pour interprète
   Que le pavé des carrefours.

Parmi les champions du dogme politique
Qui consacre la lutte et l'érige en devoir,
C'est à qui flétrira l'œuvre la plus civique,
À qui déchirera le manteau du Pouvoir,
Enfoncera l'épine au pied d'un adversaire,
Déflorera la loi dont il n'est pas l'auteur,
Et fera déborder de l'égout populaire
Toutes les passions du tribun détracteur ;

Et parmi les soutiens d'un pouvoir en enfance
Qui ne sait d'un pied ferme écraser les abus,
C'est à qui nourrira sa crédule ignorance,
À qui l'exploitera jusque dans ses vertus,
Écartera de lui le flambeau tutélaire
Qu'alluma dans nos mains la Révolution,
Et lui fera fermer l'oreille avec colère
Aux sourds rugissements du moderne Lion.

   Devant la barre de ces hommes,
   Frères ! ne comparaissons pas ;
   Ils ignorent ce que nous sommes,
   Ils n'ont jamais vu nos grabats ;
   Toujours préoccupés d'eux-mêmes,
   Prompts à réprimer nos efforts,
   Ils nous frappent de leurs blasphèmes,
   Et puis s'en vont, nous croyant morts.

> Allez ! vos morts sont pleins de vie,
> Et, quoique refoulés par vous
> Au fond d'une atmosphère impie
> Qui nous ronge et déforme tous,
> Sous nos tissus de chair immonde
> Brûle et circule assez de feu
> Pour rajeunir votre vieux monde,
> Qui tombe en lambeaux sous son Dieu.

Mais des Grands rassemblés ont entendu ma plainte :
Que veut donc, dit l'un d'eux, que veut cet insensé ?
Prétendrait-il franchir, lui, le seuil d'une enceinte
Que même ses regards n'ont jamais dépassé ?
Il se trompe s'il croit se grandir par la crainte ;
> Qu'il se taise ou qu'il soit chassé.

Tout à coup il se fit un grand bruit dans le monde :
Deux rois étaient tombés de la sphère des rois,
Et, dans l'ébranlement de leur chute profonde,
Le Peuple crut les voir tomber tous à la fois ;
La terre en gémissant s'entrouvrit sous leurs trônes
Frappés, pendant trois jours, par le souffle de Dieu,
Et du gouffre étonné montèrent en colonnes
> De larges tourbillons de feu ;

Et du sein de la flamme, et du sein de la poudre,
On entendit, au loin, quand tout fut englouti,
Éclater dans la nue, aussi haut que la foudre,

Une voix qui n'avait pas encor retenti ;
Et cette voix disait : Plus de paix ni de trêve
Pour les Rois oppresseurs et les Grands sans pitié,
Pour les riches ingrats dont l'empire s'élève
        Sur les maux du peuple oublié !

Les Grands, à ces accents, baissèrent tous la tête,
Et ces premiers héros de la sanglante fête
Coururent se cacher dans leurs palais troublés ;
Mais quand le pied vengeur du géant populaire
Eut, en les écrasant, éteint dans la poussière
Les débris enflammés des trônes écroulés ;

Les Grands revinrent, fiers, et de la cendre rouge
Que l'immense incendie entassait autour d'eux,
Au Peuple triomphant qui rentrait dans son bouge
        Jetèrent plein les yeux ;
Et des rameaux sacrés de l'arbre tutélaire
Qui devait, sous son ombre, abriter nos moissons,
Les valets dont leur or engraisse la misère
        Firent de lourds bâtons ;

Pour essayer encor, dans leur vaine folie,
De nous ramener tous, comme un troupeau lassé,
Aux cris triomphateurs d'une caste avilie,
        Sous le joug d'un honteux passé,
Et nous faire expier dans un exil infâme
L'honneur de les avoir surpassés trop longtemps,
Par le mâle héroïsme et par la grandeur d'âme,

Dans nos batailles de Titans.

Ô Grand ! dont l'orgueil nous repousse,
Dont le char d'or nous éclabousse,
   Ne sois donc pas surpris
De voir, des bornes du rivage,
Luire autour de ton équipage
   L'œil haineux des proscrits.

Ô Grand ! dont le pied nous évite,
Dont la main se ferme si vite,
   Ne sois donc pas surpris
De voir le fer des baïonnettes
De tes salles les plus secrètes
   Soulever les lambris.

Où sont, dis, les bienfaits promis à la victoire,
En ces jours de combat où, par les carrefours,
Ruisselait à grands flots mon sang expiatoire,
Pour défendre tes droits et protéger tes jours,
À cette heure brûlante où, retiré dans l'herbe
Qui croît, fangeuse et noire, au pied de ton château,
Tu préparais déjà, boa lâche et superbe,
   Ta tricolore peau ?

   Quels sont les hameaux et les villes
   Parmi ceux qu'on aime à vanter,
   Où s'élèvent les saints asiles
   Qui devaient un jour abriter

De molles crèches pour l'enfance,
Pour l'artisan dans l'indigence
Des ateliers toujours ouverts,
Un doux foyer pour l'humble femme
Qui voudrait racheter son âme
Prise aux embûches des pervers ?

Tu les oublias donc, ces discours si magiques
Dont tu berçais alors mes frères en courroux,
Où tu leur dépeignais en couleurs magnifiques
L'avenir qui devait éclater sous leurs coups !
Je l'avais bien prédit en contemplant ton rôle,
Mais moi qui n'en ai point perdu le souvenir,
Je viens te rappeler ta première parole,
   Et te sommer de la tenir.

Regarde ces haillons : ce sont toujours les mêmes ;
Regarde ces traits durs, toujours hâves et blêmes,
Cet œil fou de douleur, ces sordides cheveux,
Ces lèvres où la faim imprima ses souillures,
Ces bras nus que le fisc couvrit de ses morsures,
   Ce sein livide et creux.

Qu'en dis-tu, Grand, toi qui te flattes
D'être mon père nourricier,
Et de remplir mes mains ingrates,
Des fruits de ton plus beau figuier,
Ces mains qui jonchèrent les salles,
Théâtre de tes voluptés,

        Des diamants et des opales
        Pris au front des Rois rejetés !

Ne sens-tu pas, ô Grand, au fond de ta poitrine,
Ta conscience en feu se tordre sous l'arrêt
Que trace, chaque nuit, une main clandestine
        Au mur de ton chevet ?
Grand ! cet arrêt d'un Dieu surgi pour nous défendre,
Qui ne te permet plus de vivre de nos pleurs,
Qui de ton lit d'oisif te condamne à descendre
        Parmi les travailleurs,

Pour expier l'abus des droits de la Conquête,
Entrer dans l'ordre saint de la Capacité
Et détourner les maux qui grondent sur la tête
        De ta postérité ;

Tu le verras un jour luire au front de la terre,
Au nom d'un peuple Élu se transformer en loi,
Se faire homme, s'asseoir entre le sanctuaire
        Et le trône du roi,
Grandir au dessus d'eux, et dominer le monde
Comme l'œil tout-puissant de la Divinité,
Dont le rayon éclaire et le regard féconde
        Tout le globe habité.

Gloire à toi, Saint-Simon ! Gloire aux fils de ta race !
Quand je trouvai ton pied empreint dans mes sillons,
Quand ton souffle vivant passa devant ma face

Je sentis sur ma chair frissonner mes haillons !
Et les signes des temps sur ma tête éclatèrent,
Et je me dis alors : Jeune homme, lève-toi,
Lève-toi du grabat où les Grands te jetèrent
      Au nom profané de la Loi !

    Le poëte chantait encore,
    Les regards levés vers le ciel ;
    Mais le fils du Dieu qu'il adore
    Avait disparu de l'autel ;
    Peut-être en une nuit d'orage
    Reviendra-t-il transfiguré :
    Du calme, Frères, du courage,
    L'Homme est éternel et sacré !

LE VIEUX DRAPEAU

1831.

J'étais enfant alors.

Un soir, le vieux René, le héros du village,
Tournant de mon côté son regard triste et doux,
Crut trouver sur mon front le signe du courage,
Et me prédit un sort dont il semblait jaloux.

    Dans sa majesté tricolore
    Juillet a passé sur Paris ;
    Septembre a revu son aurore
    Briller sur nos murs affranchis,

Et je languis toujours au fond de la cellule
Où sur un lit d'exil le soldat m'a trouvé,
Maudissant ma jeunesse et rongeant la férule
Qui déchira les flancs de l'ange réprouvé.

　　　　Du grand fleuve de Varsovie
　　　　Novembre a déchaîné les flots ;
　　　　Mars a réveillé l'Italie
　　　　Du fond d'un ignoble repos ;

Et je rampe toujours sous le poids de l'attente,
Dans mon ciel ténébreux nul astre n'a paru ;
Je n'ai pas vu du camp se déployer la tente,
Et le tambour pour moi n'a pas encor battu.

Pourtant le vieux soldat croit à ses prophéties,
Et n'a pas abdiqué le belliqueux espoir
De me conduire, un jour, au feu des batteries,
　　　　Sur son grand cheval noir.

Il me parle toujours de la noble bannière
Qu'au mépris des boulets sifflant à ses côtés,
Il planta, le premier, au seuil de la frontière,
Quand Brunswick apparut dans nos champs attristés,
Et que, vingt ans plus tard, il ramena sans tache
D'un roc de la Toscane, avec l'homme au grand nom
Qui, sur son lit de mort, anoblit sa moustache
D'un baiser immortel qui valait un blason.

Puis, il me fait toucher ces couleurs enviées
Qui teignent le ruban suspendu sur son sein,
Au dessus d'un grand aigle aux ailes repliées,
　　　　Tatoué de sa main ;

Puis, il va me chercher son drapeau tricolore
Dont quatorze ans d'oubli n'ont pas terni l'éclat,
Le secoue, et lui fait jeter un cri sonore
Qui réjouit le cœur du pauvre et vieux soldat.

  Et souvent près de lui la foule
  En groupes noirs circule et roule,
  Sur son drapeau l'œil arrêté,
  Et croit, au souffle de la brise
  Qui fait ondoyer sa devise,
  Respirer gloire et liberté !

C'est que son cœur retrouve et que son œil reflète
Le souvenir lointain de quelqu'ardente fête
Où, sous sa tente d'or, présidait la Conquête,
  L'Étoile du brave à la main ;

C'est que sa prompte oreille a surpris dans les nues
Un vague et doux accord de ces hymnes connues
Qui répondaient si bien aux salves continues
  Du canon souverain ;

C'est qu'elle croit encore assister en silence
À la pompe funèbre où tout un peuple en deuil,
Rallumant son courroux éteint sous sa clémence
Aux torches qui brûlaient près d'un triple cercueil,
Contre un roi meurtrier évoqua la vengeance
Et déclara la guerre à son aveugle orgueil ;

C'est que, parmi la foule, il est de ces visages
Que la poudre a bronzés sur de lointains rivages,
Et dont l'air martial commande les hommages
      Du sabre et du mousquet ;

C'est que tous ont longtemps partagé la patrie,
Le pain et le foyer, la couche et la vigie,
Avec le Peuple-Roi qui rendit à la vie
      Un monde qui mourait.

Mais moi qui n'ai jamais vu livrer des batailles,
Sur l'Europe à genoux bondir Napoléon,
Célébrer au bivouac les grandes funérailles
D'un despotisme mort sous le feu du canon,

      Je ne partage pas l'ivresse
      De la foule et du vieux soldat,
      Et le rêve que je caresse
      Ne vient pas d'un champ de combat.

Pour moi, le vieux drapeau des hautes pyramides,
Tout noble qu'il paraisse à l'œil du guerrier franc,
Tout sillonné qu'il soit de glorieuses rides,
      N'exhale qu'une odeur de sang ;

Et je ne verserais pas de larmes amères
Si je voyais, ce soir, le vieux soldat René,

Nous découper le sien en langes baptistaires,
 Pour son petit-fils nouveau né.

MŒURS

1831

> Tel est le train du monde.

Qu'une pauvre orpheline errante par la ville,
Sans refuge, sans pain, les pieds sanglants et nus,
Un soir, contre la mort cherche un dernier asile
À l'ombre des autels d'une impure Vénus,
Tout à coup, à grand bruit, un sombre voile tombe
Entre l'infortunée et le monde en courroux,
Et le mépris la suit jusqu'au bord de sa tombe
      Où nul ne plîra les genoux ;

Mais la fille d'un Grand, qui, sous l'œil de sa mère,
Vend son âme et son corps par un honteux contrat,
À la lubricité d'un vil sexagénaire
Qu'un coup de sang, prévu, vient tuer sans éclat ;
La femme de haut rang dont le lit adultère
Déborde, nuit et jour, d'ignobles passions,

Qui déposent souvent leur scandaleux mystère
    Au seuil indigné des prisons ;

Oh ! celles-là du moins sont toujours bienvenues !
Le monde leur sourit du haut de ses grandeurs ;
Partout, aux jeux publics, aux salons, dans les rues,
S'incline à leur aspect un peuple de flatteurs ;
La mode aux doigts dorés s'épuise en artifices
Pour complaire à leur goût et parer leur beauté,
Et l'Art lui-même encense et célèbre leurs vices,
    Sans rougir de sa lâcheté !

AUX CONQUÉRANTS PARISIENS

1840.

Indépendance et liberté !

Non, non ! nous n'avons pas chassé le vieux Guillaume
Après quinze ans de lutte et trois jours de combats,
Pour voir, libre et vivant, notre jeune royaume
S'engloutir à jamais au sein de vos États,
Et nous faire atteler au char d'une Euménide
Qui, par de menaçants et d'odieux dédains,
Prélude, en plein Forum, au plus vaste homicide
      Qui puisse ensanglanter ses mains.

Forêts ni défilés, montagnes ni rivières,
Ne protègent nos champs tant de fois dévastés ;
Tout Peuple tient en mains la clé de nos frontières,
Tout regard peut plonger au cœur de nos cités ;

Mais nous n'envions pas à votre grand empire,
Tous ces vains boulevards, orgueil d'un passé mort,
Qui tombèrent, un jour, sous l'œil qui les admire,
Au signal inconnu des trompettes du Nord.

L'amour de la patrie affermi par la gloire,
La sainte volonté de maintenir nos droits,
Le devoir filial de transmettre à l'histoire
L'héritage agrandi des martyrs de nos lois,
Voilà nos monts gardiens, voilà notre barrière,
Le rempart qui résiste aux plus hardis assauts,
Le rocher qui vaut bien le bras d'une rivière
      Pour arrêter tous les fléaux.

Ne nous traitez donc pas avec tant d'arrogance,
Respectez davantage un peuple brave et fier ;
Si nous ne comptons pas vingt siècles d'existence,
Si le Belge, à vos yeux, ne date que d'hier,
Rappelez-vous du moins que déjà nos provinces
Trônaient, par leurs élus, au sommet des pouvoirs,
Quand vous rampiez encor sous le joug de vos princes,
Dans un oubli complet de vos plus saints devoirs.

Nous sommes vos aînés dans la triple carrière
Des arts, de l'industrie et de la liberté ;
Du sein de la Belgique émana la lumière
Dont brille maintenant votre grande cité ;
C'est chez elle, Messieurs, que jadis vos ancêtres

Puisèrent les leçons fatales à vos rois,
D'elle qu'ils ont appris comme on chasse des maîtres
Qui pressurent le peuple et violent ses droits.

Pour regagner son lustre et redevenir forte,
Accordez-lui le temps de croître et de grandir ;
Que le spectre irrité d'une royauté morte
Ne vienne plus troubler ses rêves d'avenir ;
Que la patrie arbore un étendard unique
Au pied duquel ses fils viennent tous se ranger,
Et vous verrez alors si la libre Belgique
        Redoute l'œil de l'Étranger.

Triste aberration de la justice humaine !
Si demain l'Angleterre armait ses galions,
Guidait son Léopard vers son ancien domaine,
Pour ressaisir la proie échappée à ses bonds,
Tous vous vous lèveriez, haletants de vengeance,
Pour arrêter au seuil son gigantesque élan,
Et l'étendard sauveur des enfants de la France
Reparaîtrait peut-être aux bords de l'Horican.

Mais un tel attentat, mais un semblable crime
Qui flétrirait l'Anglais aux yeux du monde entier,
Serait, de vous à nous, un acte légitime,
Une palme de plus à votre front guerrier !
Vous pourriez, sans rougir, tracer sur nos murailles
La sentence de mort d'un peuple généreux
Dont le sang a coulé dans toutes vos batailles,

Pour propager au loin le culte de vos Dieux !

De quel droit donc, Messieurs, prétendez-vous soumettre
Le peuple belge au joug façonné de vos mains ?
Vous a-t-il appelés, dites, pour vous remettre
Le fardeau trop pesant de ses nouveaux destins ?
Signa-t-il avec vous un pacte obligatoire
Dont il a lâchement déchiré les feuillets ?
Vous a-t-il confié le dépôt de sa gloire,
      De ses mœurs, de ses intérêts ?

Jamais, vous le savez, non jamais la Belgique
N'a sous le sceptre altier de princes étrangers
Abdiqué sa puissance et sa grandeur civique,
Même au milieu du choc des plus sanglants dangers ;
Et soit qu'il fût venu des rives de la Seine,
Soit des bords du Danube ou du Guadalquivir,
Poursuivi jusqu'au bout par toute notre haine,
Jamais un Étranger n'a pu nous asservir.

Défiant les arrêts de l'inflexible Histoire,
Si vous voulez pourtant, sous vos coups de canon,
Nous faire remonter les marches du prétoire
Où le Belge s'est vu dépouiller de son nom,
Avant de vous poser les suprêmes arbitres
Du sort de ma patrie et de sa liberté,
Les pieds sur vos drapeaux, reniez tous vos titres
Au respect de l'Europe et de l'humanité ;

Osez justifier le meurtre politique
Qui vient de replonger la Pologne au tombeau ;
Sanctionnez les droits de l'Aigle germanique
Sur l'Italie en deuil, veuve de son drapeau ;
Mais quand, chargés du poids de ce double parjure,
Vos bataillons armés s'élanceront sur nous,
Puisse de Waterloo la vaste sépulture
        S'ouvrir pour les engloutir tous !

Nos pères ont longtemps vécu sous votre empire,
Et nous n'ignorons pas les maux qu'ils ont soufferts ;
Pour eux, tous les dédains d'un vainqueur en délire,
Qui foulait sous ses pieds la rançon de leurs fers ;
Pour vous, tous les trésors recueillis sur sa trace
Parmi les ossements des peuples massacrés.
Et nous consentirions à reprendre leur place,
Sous l'astre saturnien qui les a dévorés !

En vain promettez-vous que vos mains bienfaisantes
Répareront les maux causés par vos aïeux,
Que nos champs, resemés à l'ombre de vos tentes,
De plus riches moissons éblouiront nos yeux ;
Que la Fraternité descendra sur nos villes
Pour ne plus remonter à son divin séjour,
Et qu'égales pour tous, sans jamais être hostiles,
Vos lois nous uniront par des liens d'amour.

Tous les usurpateurs ont parlé ce langage,

Depuis les Rois anciens jusqu'aux modernes Tzars ;
Tous, avant de réduire un peuple en esclavage,
Jurent de restaurer et les lois et les arts ;
Mais le peuple crédule accueille-t-il ces traîtres,
Il tombe sous le fouet d'impérieux tyrans,
Et nous ne voulons plus aux chaînes de tels maîtres
      Tendre nos bras indépendants.

Nos lois, sans nous vanter, valent mieux que les vôtres ;
La liberté, chez nous, brave les ouragans ;
Elle y fleurit en paix, tandis que chez vous autres
Son arbre mutilé s'effeuille à tous les vents.
Mieux que Juillet, Septembre a tenu sa parole ;
Les Belges dans leurs vœux n'ont pas été déçus ;
Les ineffables biens promis par votre idole,
Sachez que dès longtemps ils les ont obtenus.

Et cependant, Messieurs, vous prétendez sans cesse
Que vous possédez seuls l'art de bien gouverner,
Que vous représentez la suprême sagesse,
Et que sous vos pieds seuls la terre doit tourner !
Quels sont donc ces trésors, ces bienfaits politiques
Conquis par vos exploits depuis dix ans passés,
Que vous apporteriez aux peuples pacifiques,
En échange des biens que vous méconnaissez ?

Des querelles sans but, dignes du Bas-Empire,
L'oubli de tout respect pour les droits les plus saints,

Le désordre des mœurs poussé jusqu'au délire,
La Révolte toujours suspendue aux tocsins,
Le Meurtre en permanence au seuil des Tuileries,
L'Anarchie érigée en pouvoir de l'état,
Et, sur le piédestal de vos lois avilies,
   Encensant l'ombre de Marat.

Au lieu de vous bercer du rêve des conquêtes,
Appliquez votre force à d'utiles travaux,
Et, conviés par nous à de plus nobles fêtes,
Cherchez la gloire et l'or sur des chemins nouveaux !
Mais si, dans votre orgueil, vous vous croyez peut-être
Trop grands pour partager les travaux des petits,
Permettez-nous aussi de ne pas vous admettre
À l'honneur dangereux de partager nos lits.

Au pied mal affermi d'un trône jeune encore
Rampent, nous le savons, des abus trop nombreux ;
Plus d'un vieux privilège, armé d'un nom sonore,
Relève pour lutter son front ambitieux ;
Mais nous ne craignons pas leur ligue dévoilée ;
Nous la vaincrons sans vous et sans votre secours.
La Belgique des Rois sur eux s'est écroulée,
La Belgique du Peuple est debout pour toujours.

RÊVERIE

1840.

Les larmes sont un don.

Lorsque d'un pas distrait nous poursuivons nos rêves
Sous l'ombrage doré des grands bois murmurants,
Par les plaines de trèfle et les doux champs de fèves,
Ou sur les rocs hardis qui bordent les torrents,

Et que, par intervalle, arrêtés sous un chêne,
Nous sentons lentement pénétrer dans l'esprit,
Le calme radieux et la splendeur sereine
De la terre qui chante et du ciel qui sourit :

D'où vient que, malgré nous, une vague tristesse
Qu'on ne peut définir et qu'on craint de montrer,
Monte de l'âme au front qui s'incline et s'affaisse,
Et que, sans le savoir, on se prend à pleurer ?

D'où vient que, dans un bal, quand l'orchestre déchaîne
Le galop bondissant en tourbillons fougueux,
Ou par degré s'apaise et mollement ramène
La valse échevelée au quadrille amoureux ;

En voyant tous ces fronts étinceler, reluire,
Dans un air saturé de parfums enivrants,
Ces regards se chercher, ces lèvres se sourire,
Et ces mains s'égarer sous des seins haletants ;

D'où vient que, de ces flots de joie et de lumière,
On sent se dégager un nuage de deuil,
Et que, le cœur troublé par une ombre sévère,
On s'enfuit brusquement, une larme dans l'œil ?

D'où vient que, dans un temple, à genoux sur les dalles,
Quand l'orgue vespéral a cessé de gémir,
Et que le dernier bruit qui s'élève des stalles
Expire au fond du cloître en un vague soupir ;

En contemplant la nef déserte et solitaire,
Les reflets incertains qui tombent d'un tableau,
Le Christ pâle et glacé qui surmonte la chaire,
Et l'autel morne, noir, et froid comme un tombeau ;

D'où vient donc qu'à l'aspect de ces saintes images,

Ne pouvant ni prier, ni bénir le Seigneur,
L'homme, par des sanglots, adresse ses hommages
À l'être tout-puissant qui règne sur son cœur ?

D'où vient que, dans ces jours si chers à la mémoire,
Quand une Artiste-Reine apparaît à nos yeux,
Et, du haut d'un théâtre étoilé de sa gloire,
Nous ouvre les palais d'un monde merveilleux ;

Quand de l'âme et des sens sa voix tendre ou hautaine
Parcourt en triomphant le sonore clavier,
En fait jaillir l'amour, la colère, la haine,
Et tient courbé sous elle un peuple tout entier ;

D'où vient donc que ce peuple, en relevant la tête
Pour saluer l'artiste au moment du départ,
Ne trouve pour ses vœux de plus digne interprète
Que les pleurs éloquents qui mouillent son regard ?

Ainsi que nous l'avons appris de notre mère,
Et que les livres saints le disent à leur tour,
L'homme, errant ou captif, n'est-il donc sur la terre
Qu'un sublime exilé du céleste séjour ?

Et quand son œil se voile et que son front s'incline
Devant un grand spectacle admiré de nous tous,
Qu'il sent pâlir son cœur au fond de sa poitrine,
Et qu'insensiblement il fléchit les genoux ;

Est-ce le souvenir de sa gloire perdue,
Un retour fugitif aux splendeurs du passé,
L'amer ressentiment de sa grandeur déchue
Qui fait tomber ces pleurs sur son sein oppressé ?

L'HONNÊTE HOMME

1835.

> Morale publique, morale privée,
> Quelle est la bonne ?

Il a grandi sans joie au milieu d'un village
Dont le modeste nom le fait souvent rougir ;
Personne ne l'aimait ; les enfants de son âge
Se disputaient l'honneur de le faire punir.

Méchant, par vanité, par intérêt, servile,
Il avait l'œil, le pied, dans tout mauvais complot ;
Il savait exploiter le mal même inutile,
Et, pour un sou honteux, il risquait le cachot.

Il est donc devenu ce qu'il promettait d'être :
Un sordide égoïste à l'esprit corrompu.
Rien de grand, rien de saint, n'illumine cet être,
L'aspect d'un beau soleil ne l'a jamais ému.

Un temple n'est pour lui qu'un tas de pierres brutes ;
Il hait les arts sacrés qui dorent nos ennuis ;

Mais il aime la fange et les plaisirs des brutes,
Et pour s'en assouvir il vendrait son pays.

Regardez ! Il revient, haletant, d'une orgie,
D'une orgie à grands feux, à larges coups de dent,
Qui dévore, en une heure, onze mois de la vie
De toute une famille immolée en riant.

Il revient, tête nue, et la veste fouillée,
Un feu morne dans l'œil où couve l'impudeur,
Des blasphèmes sans nom sur la lèvre souillée,
Le corps ployé, saignant, hideux à faire peur.

Il revient, il appelle, il réveille sa femme
Qui s'enfuit d'épouvante, en voyant se dresser
Au-dessus de son sein cette tête de flamme,
Et ce bras qui flétrit en voulant caresser.

Puis, quand il a cuvé la honte de son œuvre,
Il prétend tout soumettre à sa haute raison ;
Du fils jusqu'à l'aïeul, de l'artiste au manœuvre,
Tous doivent à ses pieds ramper dans la maison.

Plus vil encor qu'ignare, il insulte sa mère,
Il frappe ses valets, il chasse ses enfants,
Et debout, le front haut, dans sa sottise altière,
Il reçoit gravement les saluts des passants.

Pourtant, tel qu'il est là, c'est un très-honnête

homme.
Il paye exactement les impôts de l'État ;
Il n'a jamais, dit-on, volé la moindre somme ;
Il est même électeur, quelquefois magistrat,

Et quand un malheureux, tombé sous sa sentence,
Expie au pilori le crime de la faim,
Il peut le contempler avec indifférence,
Et dire : *Oh ! la canaille !…* et passer son chemin.

AMERTUME

1835.

Tout arbuste a son ver.

Aimez ! — Sous un ciel pur la vierge vient d'éclore.
— Mais qu'un léger nuage éclate sur son cœur,
Adieu le noble lys si splendide à l'aurore !
Vous trouverez, le soir, un grelon dans la fleur.

Croyez ! — Vivez des fruits de l'arbre Évangélique.
— Mais la vigne du Christ a perdu son raisin ;
Écrasé sous le poids du pressoir monastique,
Il n'offre à notre soif que la mousse du vin.

Pensez ! — Sondez la vie et ses obscurs mystères.
— Mais du gouffre sans fond, plongeur désespéré,
Vous reviendrez, les pieds enlacés de vipères,
Les mains pleines de fange et le front égaré.

Rêvez ! — Élevez-vous aux voûtes immortelles.
— Mais d'un buisson voisin s'élance, vole et part
Un insecte inconnu qui s'attache à vos ailes,
Et ternit leur azur du venin de son dard.

Agissez ! — Bâtissez, épuisez des carrières.
— Mais avant que votre œuvre ait pu s'épanouir,
Vous tomberez, un jour, écrasé sous les pierres
Du temple ou du palais promis à l'avenir !

LE REMORQUEUR.

1841.

À
M. CHARLES ROGIER,
FONDATEUR
DU CHEMIN DE FER BELGE.

———

À toi qui préparas, aux jours de ta puissance,
Quand la Belgique armée eût reconquis ses droits,
Le gigantesque moule où son indépendance
Fut coulée en airain sous l'œil surpris des rois ;
À toi ce chant d'orgueil qui fut ton œuvre encore,

Hymne au Génie, aux Arts, au Travail, à la Paix,
Trop faible écho des vœux d'un peuple qui t'honore,
Et dont l'amour vengeur paya seul tes bienfaits.

Th. Weustenraad.

LE REMORQUEUR

1841.

> Paix, lumière et richesse.

Symbole intelligent de force créatrice,
Du canon détrôné sublime successeur,
Héraut d'un avenir de paix et de justice,
    Salut, ô noble Remorqueur !
Salut, géant d'airain aux brûlantes entrailles,
Dont un souffle suffit pour relever du sol
Tout empire écroulé sous ses mornes murailles,
    Que tu rencontres dans ton vol !

Quand, libre et triomphant, tu traverses le monde,
Emporté loin de nous par l'ardente vapeur,
Pareil, sans être aveugle, à l'ouragan qui gronde,
Avec tes bruits tonnants et ta sombre splendeur,
Le peuple se découvre, et semble, à ton passage,
Le cœur tout palpitant d'un orgueilleux effroi,
Du geste et du regard saluer son image
   Qu'il reconnaît en toi ;

En toi qui, comme lui, travailles sans relâche,
Tant qu'un bras vigilant dirige ton essieu,
À la majestueuse et pacifique tâche
De féconder, pour tous, la grande œuvre de Dieu,
Et qui, pour accomplir, toujours exempt de craintes,
L'auguste mission de ton règne nouveau,
N'as besoin, comme lui, que de trois choses saintes :
   Le feu, la terre, l'eau ;

En toi qui, comme lui, mais plus sage peut-être,
Parvins, sans les confondre, à rapprocher les rangs,
À relever l'esclave aux yeux surpris du maître,
Sans blesser ni l'orgueil ni la fierté des Grands,
Dès le jour où tu fis voyager côte à côte,
Tous assis et groupés sur un même convoi,
Le pauvre au front baissé, le riche à tête haute,
   L'artisan et le roi ;

En toi qui, comme lui, guidé par la Science

Vers le but éclatant que Dieu t'a signalé,
Aspires à l'honneur d'étendre ta puissance
Jusqu'aux derniers confins du globe nivelé,
Et, pour réaliser le plan de ton empire
Dans l'ordre harmonieux de sa vaste unité,
Agrandis, chaque jour, en fondant sans détruire,
Le champ de l'industrie et de l'égalité.

>Voilà pourquoi sur nos rivages
>Le peuple s'incline à ton nom,
>Placé plus haut dans ses hommages
>Que l'Aigle de Napoléon,
>Et bénit la main souveraine
>Qui t'ouvrit sur le sol natal
>La rayonnante et large arène
>Où mugit ton vol de métal !

Au nom des droits sacrés de l'art et du génie,
Que d'autres maintenant revendiquent l'honneur
D'inscrire, en lettres d'or, au front de leur patrie,
Les titres immortels de ton grand inventeur,
Nul ne nous ravira la gloire sans partage
D'avoir, par nos travaux, hâté le saint moment
Où tu vis s'écrouler, pour te livrer passage,
Les derniers préjugés de ce vieux continent.

Aux peuples de l'Europe assis sur nos frontières,
Qui nous jetaient souvent un regard de dédain,
Nous avons, les premiers, enseigné tes mystères,

Et tous se sont levés pour nous tendre la main,
Et tous sont accourus pour marcher sur nos traces,
Pour tresser, avec nous, la ceinture de fer
Qui, du nord au midi, doit relier les races
      Et par l'esprit et par la chair.

Mais tandis que sans cesse un infernal Génie
Qu'ils ont pris de nos jours pour un divin Mentor,
Déchaîne sur leurs pas, si chancelants encor,
      La Guerre ou l'Anarchie,
Le Belge, à côté d'eux, poursuivant son essor,
Ajoute, tous les ans, sous les yeux de l'Histoire,
Une page d'airain au livre de sa gloire,
      À sa couronne un fleuron d'or.

Des plaines de la Flandre aux vallons de la Meuse,
Traversés par le rail dans son lit sablonneux,
Point de modeste ville ou de cité fameuse
Qui n'ait vu, grâce à toi, s'accomplir tous ses vœux,
Et n'ait enfin reçu du moderne Messie
Qui vint sur le travail fonder la liberté,
Le baptême de feu qui ranima sa vie
      Et doubla sa fécondité.

      Soyons donc fiers de notre ouvrage,
      Frères ! et ne nous plaignons pas ;
      Laissons à d'autres l'héritage
      Du glaive sanglant des combats ;
      Ce n'est plus dans le sang qu'on fonde

> Un monument plein de grandeur ;
> Pour changer la face du monde
> Nous avons, nous, le Remorqueur !

Regardez ! le voilà ! Quelle noble stature !
Que de génie empreint sur sa puissante armure !
Vingt siècles de progrès vivent sous ce métal ;
Éléphant par la force, et cheval par la grâce,
Tigre par la vitesse, et lion par l'audace,
Il ne reconnaît, lui, ni maître, ni rival.

Ni maître ! — Il en est un ! — L'homme, voilà son maître !
L'homme qui le conçut et qui lui donna l'être,
L'homme qui fait d'un geste obéir le Titan,
Et qui va, tout à l'heure, à ce colosse inerte,
À ce spectre debout dans l'arène déserte,
Imprimer par la flamme un formidable élan.

> Autour de l'enceinte gardée,
> Devançant l'heure du départ,
> Déjà la foule débordée
> Monte, se répand au hasard,
> Et, dans sa joie et son délire,
> Appelle à cris tumultueux
> Le sombre acteur dont elle admire
> Les membres forts et vigoureux.

Un éclair a jailli de son ventre torride,

Ses naseaux ont sifflé, ses poumons ont gémi ;
Sa croupe, verte et noire, a, sous un choc rapide,
   Subitement frémi ;
Une fiévreuse ardeur dans ses veines circule,
Il lance, à droite, à gauche, un torrent de vapeur,
Il trépigne, il s'agite, il avance, il recule,
   Honteux de sa torpeur ;

Il la secoue enfin, il est libre, il arrive,
Il s'attelle au convoi d'un pas majestueux,
Rugit d'orgueil, se tait, et, l'oreille attentive,
   Attend le signal des adieux ;
Triomphe ! il est donné, le peuple le répète,
Et la voix des clochers et la voix des canons,
En hymnes fraternels éclatent sur sa tête,
   Prolongés par l'écho des monts.

Alors, ses crocs tendus, la masse monstrueuse
S'ébranle, lentement, à bonds heurtés et lourds ;
Bientôt, de choc en choc, sa marche paresseuse
   Roule, en s'accélérant toujours ;

Un orage de bruit inonde l'atmosphère,
Le gaz à flots stridents s'échappe plus pressé,
Et le géant, vainqueur, s'élance ventre à terre
   Sur le chemin qu'il s'est tracé.

   Plus prompt que la parole,
   Plus sûr que le regard,

Il part, il fuit, il vole
Au but fixé par l'Art ;
Monts, plaines, tout s'efface
Sous son ardent sillon,
Tout s'unit dans l'espace,
Et rien n'est horizon !

Marche, ô puissant Athlète, et, sous des cieux tranquilles,
Par des rubans d'acier va relier les villes,
Fleurs de granit et d'or d'un bouquet enchanté ;
Des grands fleuves absents, des rivières lointaines
Prolonge l'embouchure au sein d'arides plaines,
Surprises tout à coup de leur fertilité,
Et peuple, dans ton cours, de nobles édifices,
De palais, d'ateliers, de temples et d'hospices,
Le sol de la naissante et moderne cité !

Marche, combats, triomphe, agrandis tes domaines,
Et fais doubler le pas aux peuples en retard ;
Prodigue-leur, à tous, libres ou dans les chaînes,
Les fruits de la Science et les trésors de l'Art ;
Féconde l'union de l'homme et de la terre
Par les bienfaits nouveaux que tu répands sur eux,
Et relève l'esprit, en vengeant la matière
De l'insultant oubli d'un passé dédaigneux.

Marche, marche toujours, sans relâche, sans trêve !
Fais tomber les remparts que l'Égoïsme élève

Entre les nations esclaves de la peur :
Affranchis le travail, viens, et réconcilie
L'antique Agriculture et la jeune Industrie
Avec la Liberté, leur mâle et noble sœur,
Et que le monde entier, abrité sous leur aile,
Retrouve, au sein de Dieu, l'unité fraternelle
Qui doit consolider sa paix et son bonheur !

 Halte ! il s'arrête, il brame, il râle,
 Il meurt et de soif et de faim ;
 De l'eau, du feu pour la cavale !
 Qu'on lui serve un brûlant festin !
 Bien ! le coak flambe, l'eau bouillonne,
 Le monstre se gorge et hennit ;
 En route donc ! la cloche sonne,
 Et la trompette retentit !

 Sous le panache de fumée
 Flottant sur son turban de fer,
 Il poursuit sa course enflammée
 Rival des noirs démons de l'air,
 Et, sur le bronze de ses ailes,
 Le tison, chassé de ses flancs,
 Retombe en neige d'étincelles
 Au souffle refoulé des vents.

 Point d'obstacle à son vol rapide
 Qu'il ne dompte ou brise en chemin ;
 Regardez ! un taureau stupide

Bondit contre son char d'airain :
Qu'importe ! il l'écrase et le lance
Tout palpitant sur les guérets.
Sages ! vantez donc l'ignorance
Qui veut arrêter le progrès !

Aux premiers éclats de colère
Des ouragans glacés du nord,
Le soc rentre dans la chaumière,
La voile rentre dans le port,
Le coursier déserte la plaine,
L'oiseau déserte nos climats ;
Seul il brave sur son domaine
Et la tempête et les frimas.

Rien n'intimide son audace,
Il marche, il vole, il fuit toujours ;
Il fait tournoyer dans l'espace
Les champs, les flots, les bois, les tours ;
Il éblouit de son prestige
Le peuple, le savant, le roi,
Et laisse partout le vertige
Assis à côté de l'effroi !

Oh ! si nos pères morts se levaient de leur tombe !
S'ils rencontraient, un soir, la formidable trombe
    De flamme et de métal,
Roulant, avec fracas, à travers la campagne,
Comme un roc de volcan lancé d'une montagne

Par un bras infernal ;

S'ils voyaient s'avancer, sous un ciel morne et sombre,
Le monstrueux Dragon éclairant au loin l'ombre
De ses yeux rouges et sanglants,
Et, par groupes confus, aux abords de nos villes,
Des hommes noirs, armés, tous, de torches mobiles,
Accourir à ses cris sifflants ;

Semblables, dans leur trouble, à ces guerriers sauvages
Qui, devant le canon, tonnant sur leurs rivages
Pour la première fois,
S'enfuyaient, l'arc en main, sur d'agiles gondoles,
Pour chercher un refuge au pied de leurs idoles
Sous la voûte des bois.

Peut-être, à cet aspect, tout tremblants de surprise,
Iraient-ils s'enfermer dans quelqu'obscure église,
S'y mettre en oraison,
Et, penchés vers un prêtre armé de l'anathème,
Invoquer sa puissance et conjurer Dieu même
De chasser le démon !

Non ! ils te comprendraient, ô Roi de l'industrie !
Car ils avaient l'instinct des sublimes progrès ;
Car ils ont, avant nous, dans leur marche hardie,
Planté leur étendard sur tous les hauts sommets ;

Car ils ont élevé tant de nobles colonnes
À la Science, aux Arts, comme à la Liberté,
Que l'orgueil de leurs fûts tout chargés de couronnes
    Écrase notre vanité !

    Eh bien ! pour dorer notre gloire
    Du souvenir de leurs grands noms,
    Pour ressusciter la mémoire
    De tous ces morts que nous aimons,
    Marche, ô Remorqueur, et propage
    Partout ces noms étincelants,
    Qu'un pieux et dernier hommage
    Fit graver sur tes larges flancs !

Marche ! Et que l'Étranger qui tenterait encore
De méconnaître, ô Belge, un passé qui t'honore,
De blasphémer ton culte et d'outrager ta loi,
Ne puisse faire un pas sur le sol du royaume
Sans voir, à l'instant même, un illustre fantôme,
Un peintre, un grand tribun, un saint évêque, un roi,
Tout notre Panthéon, et toute notre Histoire,
Se dresser devant lui resplendissants de gloire,
Pour crier au barbare : à genoux devant moi !

    Sous l'arche d'un tunnel sonore
    Il s'est englouti, le géant,
    Emportant d'un pas de Centaure
    Un peuple muet et béant,
    Noir convoi de spectres funèbres

Qu'aux feux croisés de ses éclairs
Il semble, au milieu des ténèbres,
Mener en hurlant aux enfers.

Ô terreur ! si la sombre voûte
S'écroulait !... si jamais un choc
Le rejetait hors de sa route
Brisé, broyé contre le roc,
Quel deuil affreux !... Mais l'homme veille,
Mais Dieu pour nous est toujours là.
Écoutez ce bruit qui s'éveille,
Grandit, éclate... Le voilà !

Sous un soleil vif et splendide
Il reparaît à l'horizon,
Déroulant sa crinière humide
Autour des arbres du vallon,
Répandant à flots sur l'argile
L'or de ses rubis sulfureux,
Et lassant par son vol agile
Le vol de l'oiseau dans les cieux.

À travers les débris dont l'Europe est semée,
La Presse nous frayait un glorieux chemin ;
Mais sous les tourbillons de sa propre fumée,
Son flambeau, trop souvent, pâlissait dans sa main ;
Pour déblayer la terre et la rendre fertile
Il fallait un moteur armé d'un soc puissant :
Le Remorqueur parut, et le globe docile

  Redevint libre et florissant !

Honneur donc à son œuvre ! Un autre âge commence !
La Matière a conquis les ailes de l'Esprit,
De l'Espace habité s'effaça la Distance,
Et le Temps est doublé pour l'homme qui grandit,
Pour l'homme, Ange déchu, Roi trop longtemps rebelle,
Mais qui, par le Travail, absous de ses erreurs,
Remonte, triomphant, à sa sphère immortelle,
  Le front ceint d'épis et de fleurs.

Ainsi, de zone en zone, ainsi, de plage en plage,
Le jeune Remorqueur, fils ailé du Progrès,
Poursuivra, calme et fier, son saint pèlerinage
En répandant partout l'abondance et la paix,
Et, guidé par la Presse, il saura faire éclore
Au jour resplendissant de la réalité,
Tous les songes divins, si ténébreux encore,
  De la future humanité !

  Mais il a fourni sa carrière
  Le pacifique conquérant ;
  Il rentre dans la Cité-mère
  Suivi de son cortège errant ;
  Il rentre chargé des richesses
  De vingt cités qu'il étonna,
  Et distribuant ses largesses

Au peuple qui le couronna.

Et maintenant, venez, trop sinistres prophètes,
De nos mœurs, de nos lois, détracteurs furieux,
Regardez la Belgique et contemplez ses fêtes,
Et dites si c'est là ce peuple malheureux
Qui, secouant, à tort, le joug de ses vieux maîtres,
N'avait choisi pour chefs que des hommes flétris,
Qu'un vil ramas de fous, de brigands et de traîtres
Tous livrés à l'opprobre et voués au mépris !

Oh ! ne blasphémez plus l'œuvre des barricades !
Jetez, jetez au vent vos plumes rétrogrades,
Au nom de la Justice et de la Liberté ;
Au nom de la Concorde et de la Paix publique,
N'insultez plus la croix du champ patriotique
Où de nos saints Martyrs dort l'immortalité !

Lassé de discordes civiles,
Déjà tout Belge au noble cœur
A déserté des rangs hostiles,
Au seul appel du Remorqueur,
Et, quittant un passé sans vie,
Est accouru sous nos drapeaux,
Pour glorifier la Patrie
Par ses talents et ses travaux ;

Et la Patrie heureuse et fière
De retrouver tous ses enfants,

Les yeux sur sa triple frontière
Marche vers des jours triomphants,
Devançant toutes ses rivales
Sous la garde d'un astre ami
Qui de ses vieilles capitales,
Redore l'écusson terni.

Sois donc béni, géant, sois béni d'âge en âge,
Toi qui, pour nous sauver, vins achever l'ouvrage
        Commencé par la Liberté ;

Toi qui fis la Belgique et si belle et si forte
Même aux regards de ceux qui la proclamaient morte,
Et morte sans honneur, morte sans dignité,
Qu'ils sont forcés enfin de démentir leur haine,
De lui rendre son nom et son titre de reine,
        Et d'admirer sa royauté !

Non moins propice aux vœux des peuples qui t'appellent,
Fais pour eux, tour à tour, ce que tu fis pour nous ;
Raffermis par la Paix les trônes qui chancellent,
Des sombres factions désarme le courroux,
Absorbe dans ta force et ta toute-puissance
Du genre humain entier la vaste activité,
Et que les grands travaux de son adolescence
Pâlissent sous l'éclat et la magnificence
Des prodiges hardis de sa virilité !

MYSTÈRE

1832.

> Il se passe entre le ciel et la terre,
> Beaucoup de choses que nous ne comprenons pas.

Reconduit par l'Été sur son char de victoire,
Le soleil inondait des torrents de sa gloire
      Et la terre et les cieux,
Et moi, le cœur ouvert aux pensers les plus vastes,
Aux rêves les plus doux des âmes les plus chastes,
      Je marchais radieux ;

Humant, par tous les sens, la volupté de vivre,
Heureux de respirer, et d'entendre, et de suivre
      L'air pur, le vent, l'eau dans les bois,
Et perdu tout entier dans l'extase sublime
D'un pèlerin pieux près d'atteindre la cime
      Du mont consacré par la croix.

Tout à coup je sentis mon cœur devenir sombre,

Et je vis, devant moi, s'asseoir un spectre, une ombre,
  Qui murmurait un vague adieu ;
Et j'entendis, du pied d'une roche isolée,
Debout, près d'un étang, au fond de la vallée,
  Partir un brusque coup de feu.

Pâle, effaré, j'accours, je cherche, je regarde,
Et trouve, sous l'ombrage où mon œil se hasarde,
  Un homme au front livide et noir,
Il était mort, oui mort, en maudissant la vie,
Mort dans la convulsive et sanglante agonie
  Du malheur et du désespoir.

Et le soleil toujours rayonnait sur le monde,
Et versait les trésors de sa clarté féconde
  Sur les monts et les champs ;
Et les fleurs, les oiseaux, les bois et les rivières
Mêlaient, avec amour, aux rires des chaumières,
  Leurs parfums et leurs chants ;

Et moi, je m'éloignai, la poitrine oppressée,
Triste, silencieux, roulant dans ma pensée
  Peut-être un rêve défendu ;
Et je crus entrevoir, pendant ma course errante,
Dans l'apparition de cette ombre mourante,
  Tout un monde encore inconnu.

QUESTION

1838.

Être ou ne pas être.

Riche ! la nuit descend. Tout annonce un orage.
Pour soustraire à la foudre et sauver du naufrage
Tes trésors et ta vie, ô Riche, n'attends pas
Que d'un peuple grondant la montante marée
Ait envahi la grève où ta barque amarrée
Sommeille aveuglement sous l'orgueil de ses mâts.

Riche ! ne vois-tu pas le sinistre navire
Qui naguère tonnait sur le Rhône en délire,
Teint encor à nos yeux de longs reflets de sang,
S'avancer aux signaux du canon de détresse
Dont les vents Irlandais nous apportent sans cesse,
Sur des ailes de flamme, un écho menaçant ?

Attiré par l'éclat dont brille ton étoile,
Le Peuple fatigué demande pour sa voile
L'azur d'un ciel plus doux, l'abri d'un meilleur port ;
Des riches cargaisons éparses sur la plage
Il rêve quelquefois un plus digne partage…..
Rêve du Pauvre, hélas !… mais rêve du plus Fort.

Riche ! au sein des splendeurs d'une heureuse existence,
Songeant à tous les maux dont souffre l'indigence,
Ne te serais-tu donc jamais dit un moment :
Tant de richesse ici, plus loin tant de misère,
Ici l'ordre et la paix, là le trouble et la guerre,
Est-ce bien là le vœu d'un Dieu juste et clément ?

À LA STATUE DE LA PATRIE

1846.

> Chaque peuple, à son tour, ceindra le diadème.

Parmi les monuments élevés par nos pères,
Parmi les temples saints, les palais séculaires,
Les gigantesques tours au belliqueux beffroi,
Mon œil, noble Statue, en remontant l'histoire,
Cherche en vain un trophée adopté par la gloire,
    Qui parle au cœur plus haut que toi.

Tu dédaignas, ô Reine, un piédestal vulgaire ;
Le Peuple, devançant l'œuvre du statuaire,
T'en fit un, en trois jours, des os de ses martyrs.
S'il en est dont l'orgueil occupe plus d'espace,
Pour nous, bronze ou granit, aucun ne le surpasse
    Par la grandeur des souvenirs.

Quand, seul, perdu dans l'ombre, à l'heure du silence,
Réveillant ton gardien du bruit de ma présence,
Mon pas inattendu se heurte à tes tombeaux,
Je crois entendre encor gronder par intervalle
L'écho sourd du canon dont la voix triomphale
      Nous annonça des jours nouveaux.

Je m'arrête, j'écoute, incliné vers la terre,
Ce bruit qui tant de fois a fait pâlir ma mère ;
J'évoque avec transport un passé loin de nous,
Et, secouant le poids d'un présent qui m'accable,
Je dis : heureux celui qui dort là sous le sable,
      Mes frères, à côté de vous !

Qu'ils étaient beaux ces jours où la Belgique armée,
Par un prince étranger trop longtemps opprimée,
Brisa son sceptre d'or au seuil de son palais,
Et, debout sur son trône abattu par la hache,
Le diadème au front, le front pur et sans tache,
      Se proclama libre à jamais !

Partout flottait encor l'étendard de la guerre,
Partout sous nos combats vibrait encor la terre,
Quand, suivis de la foule, accourue à leur voix,
S'avancèrent les chefs d'une race d'élite
Qu'aux jours de sa justice un Dieu vengeur suscite
      Pour châtier l'orgueil des Rois.

Tous, au bord d'une fosse, en priant s'arrêtèrent,
Puis le tambour battit, les drapeaux s'inclinèrent,
Le peuple agenouillé courba son front pieux,
Et le prêtre, debout, élevant la croix sainte,
Au nom du Rédempteur bénit trois fois l'enceinte
      Qui reçut nos futurs aïeux.

Le canon répondit par des salves de fête,
Et l'on vit se pencher sur la tombe muette
Nos jeunes chefs, tribuns au magique renom,
Rois d'un jour, dont la voix, au loin déjà célèbre,
Promit aux héros morts un monument funèbre,
      Grand, immortel, comme leur nom.

Triomphe ! il est fondé. Qu'il garde leur mémoire !
Le peuple peut enfin du haut de sa victoire
T'admirer, ô Statue, à la face du ciel.
Il peut montrer à tous, quand son honneur l'ordonne,
Ton socle de granit, plus élevé qu'un trône,
      Presqu'aussi sacré qu'un autel.

Ta sévère beauté, ton paisible courage,
De ses mœurs, de sa foi, reflètent bien l'image.
Mais tu serais plus belle et plus superbe encor,
Si le grand statuaire à qui tu dois la vie
N'avait, en te créant, arrêté son génie
      Au milieu de son libre essor.

Pardonne ! on dit qu'un jour, ô candeur juvénile,

Quand tu dormais encor dans ton berceau d'argile,
Le front déjà marqué du sceau de ta grandeur,
Un homme, alors puissant, tressaillit à ta vue,
Et recula d'effroi devant ta gorge nue,
      Qu'il fit voiler par la pudeur.

Oh ! ce n'est pas ton sein, Statue auguste et fière,
Qu'il fallait dérober sous un voile de pierre
Aux yeux émus d'un peuple heureux de t'admirer ;
Ton sein, si pur, si chaste, est le sein d'une mère,
D'une mère qui peut le montrer à la terre,
      Sans peur de se déshonorer.

Non, c'est ton front plutôt, ton front mâle et sublime,
Ton front tout rayonnant d'un orgueil légitime,
Mais qui semble aujourd'hui s'obscurcir de nouveau,
Ce sont tes yeux surtout, tes yeux sereins et graves,
Tes yeux dont un regard brûle le cœur des braves,
      Qu'il fallait couvrir d'un bandeau.

Fidèle alors aux vœux d'un fils qui te révère,
L'Art t'aurait épargné, dans ta paisible sphère,
De nos tristes débats le spectacle agité,
Et tu ne verrais pas tant d'actions honteuses
Passer, le front levé, sur les tombes pieuses
      Où dort ton lion insulté.

Non, tu ne verrais pas, dans leur soif de pillage,
Tant de vils trafiquants d'un splendide héritage,

Tant de vils imposteurs, tous payés pour mentir,
S'abattre sur l'État avec des cris de joie,
Se partager son or et dévorer leur proie,
      Mais sans jamais s'en assouvir.

Non, tu ne verrais pas siéger dans nos Comices
Tant de pâles tribuns tout gangrenés de vices,
Qui, d'un mandat sacré trahissant les devoirs,
Étalent au grand jour leur chaste indépendance,
Et forniquent dans l'ombre, au prix fixé d'avance,
      N'importe ! avec tous les pouvoirs.

Non, tu ne verrais pas l'honneur de notre armée,
Belle, ardente, mais jeune, à peine encor formée,
Reposer sur des chefs, fils d'un noble drapeau,
Mais dont l'âge a brisé la force inoccupée,
Et qui n'ont plus, hélas ! gardé de leur épée
      Que la dragonne et le fourreau.

Non, tu ne verrais pas notre infirme noblesse,
Parant son ignorance et voilant sa faiblesse
De l'orgueil belliqueux d'un blason respecté,
S'armer contre le peuple, et, dans nos grandes luttes,
Tenter de lui ravir, même après tant de chutes,
      Son humble part de royauté.

Non, tu ne verrais pas le fils de l'industrie,
Par le charbon natal la face encor noircie,
Parodier des Grands les vices insolents,

Et, dans sa vanité prompt à changer d'idole,
Renier, sans pudeur, pour un titre frivole,
    Son nom, ses travaux, ses talents.

Non, tu ne verrais pas le prêtre de notre âge
S'élancer au Forum dans les instants d'orage,
Pour s'atteler au char d'un pouvoir en péril,
Et sourd, dans sa démence, aux coups de la tempête,
Toujours d'un pas pressé marcher à la conquête
    De l'échafaud ou de l'exil.

Mais ton regard baissé vers des tombes chéries
Ne se relève pas au choc de nos folies ;
Rien ne trouble ta paix ni ta sérénité ;
Ta bouche implore et prie, et semble, encore émue,
Adresser aux martyrs dont l'ombre te salue
    Les adieux de la liberté.

Pourtant, dis-moi, ma Mère, en ces jours où la Presse
Te dénonce, à regret, de sa voix vengeresse,
Quelqu'outrage à des droits qu'elle aime à protéger,
Quelque pacte honteux dont le peuple s'irrite,
Quelque lâche attentat que dans l'ombre médite
    L'orgueil jaloux de l'Étranger ;

Ne sens-tu pas, dis-moi, dans sa fierté guerrière,
Ton lion tout à coup se dresser sur la pierre,
Et les anges gardiens rangés à tes genoux,
Éblouis des éclairs que lancent ses prunelles,

Se prosterner de crainte et replier leurs ailes
    Pour laisser passer son courroux ?

Ne sens-tu pas, dis-moi, dans leur lit de chaux vive,
Tes morts, que presse en vain une tombe massive,
Tressaillir, se heurter, se lever à leur tour,
Et jetant, les premiers, le signal des alarmes,
Leur linceul pour drapeau, nous appeler aux armes,
    Au son d'un funèbre tambour ?

Ah ! si jamais tes morts offraient un tel spectacle,
Dis-leur, sans t'émouvoir, toi qui fus leur oracle,
Qu'ils peuvent sur ta foi se rendormir en paix,
Que nous, peuple vivant, nous qu'un affront soulève,
Nous saurons, s'il le faut, défendre par le glaive
    Leurs conquêtes et leurs hauts faits.

Dis-leur qu'un sang viril coule encor dans nos veines,
Que jamais notre bras n'acceptera des chaînes,
Que jamais notre front ne perdra sa fierté,
Que toujours notre cœur battra pour la patrie,
Que toujours nos trésors, que toujours notre vie
    Répondront de sa liberté.

Dis-leur que nous avons, en moins de quinze années,
Plus haut que tous leurs vœux fixé nos destinées,
Fait refleurir la paix sous tes saints étendards,
Fait bénir par l'Europe un nom quelle répète,
Et reconquis l'honneur de marcher à sa tête

   Par l'industrie et par les arts.

Mais notre mission est loin d'être accomplie.
Gardons, sans l'affaiblir, toute notre énergie
Pour les luttes d'un siècle aux progrès de Titan,
Qui ne descendra pas dans l'abîme des âges
Sans avoir salué, de ses derniers rivages,
   La chute du dernier tyran.

Nos vrais jours de grandeur ne sont qu'à leur aurore.
Il nous reste à t'abattre, à t'écraser encore,
Passé, monstre rampant, sans oreilles, sans yeux,
Qui te dresses dans l'ombre au pied de tous les trônes,
Et montes, chaque jour, le long de leurs colonnes,
   Plus fort et plus audacieux !

Nous t'abattrons. Ta chute affranchira la terre,
Et sur le sol maudit où tu semais la guerre
S'élèvera la sainte et splendide cité,
Où régneront, un jour, sans trouble et sans orages,
Dans un Ordre céleste inconnu de nos sages,
   La Justice et la Liberté.

Peut-être, ô ma Patrie, avant ce jour suprême,
Ton sang rougira-t-il encor ton diadème ;
Ne t'en alarme point, va, connais ton destin :
Regarde ! Il est écrit en divins caractères
Sur ces monts, sur ces champs où le pied de nos pères

S'ouvrit un si noble chemin.

Quand Dieu, dans sa bonté, réunit notre race,
Fonda notre demeure et fixa notre place
Au centre lumineux de trois peuples puissants,
Il voulut nous choisir comme un écho sonore
Pour propager sa voix du couchant à l'aurore,
    Traduite en terrestres accents.

Il nous plaça près d'eux sous sa garde divine,
Marqués du sceau vivant d'une même origine,
Pour réfléchir en nous leurs instincts si divers,
Leur tendre, tour à tour, une main fraternelle,
Et cimenter entr'eux une paix éternelle,
    Terme de tant de maux soufferts.

Frères, soyons heureux ! telle est la tâche austère
Que Dieu nous réserva dans l'œuvre de la terre ;
Notre nombre est petit, il le sait mieux que tous,
Mais le peuple sauveur d'où sortit le Messie
Pour racheter le monde et le rendre à la vie,
    N'était pas plus nombreux que nous.

SOUVENIR

1846.

À Mme D.

> Ne reviendrez-vous plus, jours de bonheur paisible !

Adieu ! L'été s'envole, et l'hiver nous rappelle.
Adieu ! tout un grand mois s'est enfui comme un jour,
Mais nous en garderons le souvenir fidèle ;
    Gardez-le, vous, à votre tour.

Que de fois, loin de vous, nous causerons encore
De ces instants charmants, trop vite disparus,

Fleurs d'automne, mon Dieu, qu'un matin vit éclore,
      Et que le soir ne trouva plus !...

Que de fois, entre nous, nous redirons nos courses,
Nos champêtres festins à l'ombre d'un noyer,
Nos ébats dans les prés, nos visites aux sources,
      Nos jeux auprès d'un doux foyer.

Mais que de fois, surtout, dans notre solitude,
Nous nous rappellerons avec un tendre orgueil,
La bonté sans apprêts, la grâce sans étude
      De votre généreux accueil !

Peut-être, au même instant, si quelqu'écho s'éveille,
Par un retour subit vers un passé si doux,
Vous direz, à voix basse, en y prêtant l'oreille :
      Écoutez ! ils parlent de nous.

Nous aussi nous croirons, par un retour semblable,
Entendre votre voix et distinguer vos pas,
Et votre esprit viendra s'asseoir à notre table,
      Et causer avec nous tout bas.

Ah ! que le souvenir de ces douces journées
Plane sur nos hivers comme un songe enchanté ;
Que d'un reflet divin il dore les années
      Dont le nombre nous est compté,

Et si quelque chagrin, quelque peine secrète

Qu'un chaste et noble cœur ne peut pas révéler,
Sous un fardeau trop lourd nous fait courber la tête,
    Évoquons-le sans nous troubler ;

Quel qu'il soit, ange ou sylphe, il entend nos prières,
Et peut-être il viendra, prompt à nous consoler,
Arrêter, d'un sourire, aux bords de nos paupières,
    Une larme prête à couler.

VŒU

1847.

À quoi bon ?

Oh ! dans ces tristes temps de luttes intestines,
Quand le doute et la honte accablent le plus fort,
Quand rien n'est vrai sur rien, quand tout tombe en ruines,
      Frappé de vertige ou de mort ;

Quand les Rois éperdus chancellent sur leurs trônes,
Quand le Prêtre sous lui sent la chaire trembler,
Quand le Riche à genoux embrasse les colonnes
      De son palais prêt à crouler ;

Quand partout l'Anarchie écrase en sa colère
Le germe à peine éclos d'un plus noble avenir ;

Qu'il ne reste plus rien à bénir sur la terre,
      Plus rien dans les cieux à bénir ;

Que ne puis-je emporter au fond des solitudes,
Loin du bruit des cités qui me poursuit toujours,
Mes austères loisirs et mes douces études,
      Trop souvent troublés dans leur cours ;

Troublés par les clameurs d'un peuple de sauvages
Qui traîne, tour à tour, aux bords des grands chemins,
Les bustes mutilés et tout chargés d'outrages
      Et des Brutus et des Tarquins ;

Troublés par les sanglots et les cris d'anathème
Qui, du nord au midi, se heurtent dans les airs,
Et qui feraient d'effroi pâlir Satan lui-même,
      S'ils pénétraient jusqu'aux enfers ;

Et trouver un paisible et verdoyant asile
Entouré par des monts couronnés de grands bois,
Qui se réfléchiraient dans une onde tranquille
      Avec leurs châteaux d'autrefois,

Et prêteraient, l'été, la fraîcheur de leur ombre
Et l'odorant velours de leurs sentiers fleuris,
Aux radieux ébats de mes rêves sans nombre,
      Tantôt solennels et hardis,

Se posant au sommet d'un monde qui s'écroule

Pour méditer la loi d'un immuable sort,
Ou planant sur des flots soulevés par la houle
      Pour guider un navire au port ;

Tantôt, vifs et légers, suivant le météore
Éclos dans les vallons sous l'haleine du soir,
Ou suspendant leur vol à la gaze du store
      Qu'entrouvre une main douce à voir ;

Souvent dans l'avenir plongeant un œil avide,
Et, sous ses voiles noirs, cherchant un astre d'or,
Ou fouillant du Passé le sépulcre splendide
      Pour en exhumer un trésor,

Et toujours rapportant de leur course infinie,
Sur les traits de la foudre ou sur l'aile des vents,
Quelque grande pensée étroitement unie,
      Hélas ! à des vœux décevants !

LA CHARITÉ.

AUX FEMMES.

1846.
>Qui donne au pauvre, prête à Dieu.

Femmes ! l'hiver est là dans toute sa tristesse,
Ramenant avec lui ces longs jours de détresse
Qui répandent le deuil sous plus d'un toit glacé :
Le Pauvre attend quelqu'un pour sauver sa famille ;
À son foyer muet plus de rayon qui brille,
Le pain a disparu, le travail a cessé.

Femmes, à vous le soin de veiller sur sa vie !
À vous de désarmer le bras qui le châtie,
D'alléger son fardeau, d'adoucir son destin !
Car vous êtes l'espoir et l'orgueil de la terre,
Vous êtes ce que Dieu, dans sa bonté de père,
A créé de plus noble, a fait de plus divin.

Ah ! ne démentez pas votre haute origine.

Au nom des jours heureux que le ciel vous destine,
Au nom des dons promis et des bienfaits reçus,
Accordez au Malheur l'appui qu'il vous demande ;
Hâtez-vous, il est temps, d'apporter votre offrande
À ceux que Jésus-Christ appelait ses Élus.

Mais ne vous flattez pas, Femmes au cœur sincère,
De remplir dignement votre saint ministère,
En jetant une obole au tronc de la pitié.
Pour répartir votre or, il faut des mains bien pures.
Parfois en s'écoulant par des routes obscures,
Loin de votre œil distrait il s'en perd la moitié.

Ne croyez pas non plus que ce tribut si tendre,
Imposé par un Dieu qui saura vous le rendre,
Soit payé, tôt ou tard, au gré de ses désirs,
Par quelques faibles dons, presque toujours stériles,
Pendant les soirs d'hiver recueillis dans nos villes
Aux portes des salons consacrés aux plaisirs.

Savez-vous que le Pauvre, à l'aspect de vos fêtes,
À l'éclat des joyaux qui brillent sur vos têtes,
Sur vos seins, à vos bras, sur vos robes de bal,
Par un retour poignant sur sa propre misère,
Trouve son pain plus dur, sa coupe plus amère,
Et succombe, plus vite, à l'empire du mal ?

Savez-vous que, la nuit, s'il rentre en sa demeure
Heurtant sur son grabat une femme qui pleure,

De pauvres enfants nus qui lui disent : J'ai faim ;
Il lui faut un cœur fort, un courage sublime
Pour pardonner au Riche, et résister au crime
Qui lui dit, à son tour : Viens, suis-moi, j'ai du pain !

Femmes, n'aggravez pas des maux trop grands peut-être.
Soyez bonnes pour lui, soyez fières de l'être,
Mais bonnes par amour, et non par vanité.
Femmes ! la Pauvreté, c'est une chose auguste ;
Offrez, avec respect, le denier d'or du juste,
Et ne profanez pas la sainte Charité.

Ne versez pas vos dons en des mains étrangères,
Faites le bien par vous, comme l'ont fait vos mères ;
Il n'est point de devoir et plus noble et plus doux.
Le bien, semé sans bruit, ne tarde pas d'éclore.
Qu'importe à votre cœur que le monde l'ignore !
Il est quelqu'un là haut qui le saura pour tous.

Allez trouver le Pauvre, allez le voir vous-mêmes,
Faites taire sa haine et cesser ses blasphèmes,
Portez lui le froment, l'huile, le vin, le miel ;
Réchauffez dans vos bras les enfants sans familles,
Sauvez la vie aux fils, l'honneur aux jeunes filles,
Parlez leur de Marie et montrez leur le ciel.

Ah ! celles-ci, surtout, protégez-les, ô Femmes !
Purifiez ces cœurs et rachetez ces âmes,

Si vous voulez, plus tard, mères jeunes encor,
Que l'ange aux yeux d'azur qui veille sur l'enfance,
De vos filles, un jour, protège l'innocence,
Et touche leurs fronts nus avec sa palme d'or.

Toujours le Pauvre en vous a mis ses espérances.
Par vos propres douleurs instruites aux souffrances,
Vous savez, mieux que nous, en arrêter le cours.
La voix de l'homme effraie et la vôtre console.
Souvent de votre bouche une simple parole
A guéri plus de maux que tous nos vains discours.

Seules vous savez l'art, doux secret de la vie,
De semer sous le chaume un or qui fructifie,
Sans offenser la veuve ou blesser l'orphelin.
Un don, offert par vous, ne fait rougir personne ;
L'aumône disparaît sous la main qui la donne,
Et le bienfait, plus pur, n'en est que plus divin.

Femmes, quand vous irez dans ces réduits humides
Où l'indigence, en pleurs, vous tendra ses mains vides,
Vous sentirez trembler et fléchir vos genoux ;
Votre œil se troublera devant ce tableau sombre,
Ne fuyez pas, restez, n'ayez pas peur de l'ombre ;
Votre cœur vous éclaire, et Dieu marche avec vous.

Sans doute, il vous faudra subir bien des tortures,
Poser vos chastes doigts sur d'immondes blessures,

Braver un air mortel qui révolte les sens,
Regarder à vos pieds se traîner la vieillesse,
Entendre autour de vous bien des cris de détresse,
Sans oser quelquefois en pénétrer le sens ;

Mais aussi, croyez-moi, quand, sur vos mains tremblantes,
Vous sentirez tomber quelques larmes brûlantes,
Pleurs d'une mère, hélas ! qui se voyait mourir ;
Quand, debout, le front nu, l'œil humide de joie,
Remerciant enfin CELUI qui vous envoie,
Le père élèvera la voix pour vous bénir ;

Quand vous verrez l'aïeule, en s'éveillant d'un rêve,
Demander, pauvre aveugle, au fils qui la soulève,
Si c'est un ange, un Dieu, qui vient les consoler,
Et les petits enfants, surpris de leurs richesses,
Sur vos bras maternels sourire à vos caresses,
Et vous tendre leur joue en craignant de parler ;

Ah ! dans un tel instant, ô Reines de la terre,
Votre saint dévoûment recevra son salaire,
Vous verrez s'accomplir votre plus noble vœu :
Un immense bonheur inondera votre âme,
Et le cœur en extase, et le regard en flamme,
Vous direz : Oh ! merci, merci, merci, mon Dieu !

Alors, à votre tour, par un sublime échange,
Vous bénirez le Pauvre exhumé de sa fange,

Et, dans l'enivrement de votre orgueil sauveur,
Femmes, vous donnerez, sans plaintes, sans murmures,
Votre or, vos diamants, et toutes vos parures,
Pour retrouver encor ces instants de bonheur.

Qu'ils sont doux, en effet, à l'âme fière et tendre,
Heureuse d'admirer et digne de comprendre
Toute la sainteté d'une noble action !
Rien n'en peut affaiblir le souvenir austère,
Qui, lentement, sans bruit, s'élève de la terre,
Pour retomber plus tard en trésors de pardon.

Femmes, de ces jours d'or parez votre jeunesse.
Mais hâtez-vous, allez, allez, le danger presse ;
Le Pauvre ne peut pas attendre le printemps :
Il n'en est pas pour lui dans son morne royaume ;
Ainsi que dans son cœur, sous son abri de chaume,
L'hiver, si court pour vous, l'hiver règne en tout temps.

Réduit en esclavage et parqué dans nos villes,
Toujours le front courbé sur des travaux serviles,
Et trop faible, ou trop fier, pour secouer sa croix,
Il ne peut, comme vous, s'enfuir vers nos campagnes,
S'en aller respirer l'air libre des montagnes,
Ni retremper sa force aux sources des grands bois.

Tous ces dons opulents que l'été fait éclore,

Champs parés avec faste au réveil de l'aurore,
Sombres vallons si frais quand le jour s'est enfui,
Ciel lumineux et pur qui brille sur nos plaines,
Ombrages, fleurs, oiseaux, rochers, torrents, fontaines,
Tous ces trésors de Dieu n'existent pas pour lui.

S'il quittait, un seul jour, sa tâche commencée,
Pour vivre, comme nous, par l'âme et la pensée,
Le lendemain peut-être il manquerait de pain ;
Il trouverait, au seuil de sa demeure, un sbire
Qui viendrait enlever à sa femme en délire,
Jusqu'aux langes du fils endormi sur son sein.

Femmes, pitié pour lui ! prévenez sa ruine.
Quels que soient les autels où votre front s'incline,
Quel que soit le symbole adopté par la Foi,
Les hommes sont jugés tous par le même arbitre,
Tous n'ont pour s'éclairer qu'un seul et même titre :
Cet arbitre, c'est Dieu ; ce titre, c'est sa loi ;

Loi sainte que les Rois n'ont pu fausser encore,
Que la raison admire et que le cœur adore,
Impérissable loi de la fraternité,
Loi que choisit le Christ pour basé de son temple,
Et dont le dogme pur, proclamé comme exemple,
Se résume en deux mots : Amour et Charité.

Femmes, sachez remplir les devoirs qu'elle impose.

Pour faire des heureux, il faut si peu de chose :
Une obole à la mère, un sourire à l'enfant,
Quelquefois au vieillard un manteau pour l'orage,
Quelquefois moins encor selon la force et l'âge...
Le Pauvre a-t-il, hélas ! le droit d'être exigeant ?

Peut-être, loin de vous, isolés dans le monde,
Poursuivant, l'âme en deuil, leur marche vagabonde,
Errent des malheureux qui vous furent connus.
Ah ! si de ces bannis le sort vous intéresse,
Si dans vos cœurs, pour eux, survit quelque tendresse,
Multipliez vos dons pour qu'ils leur soient rendus.

Femmes, la vie en vous coule ardente et splendide.
Le sort vous a donné, sans se montrer rigide,
Aux unes la richesse, aux autres la beauté ;
Souvent même ces dons, par un doux assemblage,
Éclatent réunis sur vos fronts sans nuage,
Rehaussés noblement par l'auguste bonté.

Mais, dans son vol errant, la fortune infidèle
Peut vous abattre, un jour, d'un seul coup de son aile,
Et vous abandonner pour ne plus revenir ;
Le temps, l'infirmité, le chagrin, la vieillesse,
Tout en vous apportant leur pieuse sagesse,
Flétriront vos attraits si prompts à se ternir.

Reines de notre Éden ! pour braver leur puissance,

Faites-vous aujourd'hui sacrer par l'Indigence,
Faites couler sur vous ses pleurs à flots pressés ;
Et vous refleurirez aussi riches que belles :
Riches du saint trésor de vos vertus nouvelles,
Belles de tout l'éclat de vos bienfaits passés !

PRIÈRE AU BORD D'UNE HOUILLÈRE.

1847.

Dieu est en tout.

Livre longtemps fermé dont les vivantes pages
Flottaient au gré des vents, à l'aurore des âges,
Du globe primitif herbier monumental,
Déroule à mes regards ton luxe végétal !
Sortez, vastes forêts, de vos linceuls de pierre,
Des siècles entassés secouez la poussière,
Relevez-vous ! Debout ! Sur la terre et les eaux
Venez reconquérir vos splendides berceaux,
Prêtez-nous le secours de vos forces nouvelles,
Pour soumettre et dompter les éléments rebelles ;
Par des prodiges d'art étonnez le soleil,
Le seul témoin vivant de ce second réveil,
Et, de vos troncs en flamme illuminant nos plages,
Mêlant vos flots d'encens aux vapeurs des nuages,

Allez glorifier, dans un suprême adieu,
La puissance de l'homme et la bonté de Dieu !

L'AVENIR.

1847.

Espérance et Courage !

Peuples ! depuis trente ans, grâce à la voix des sages,
La Guerre, désarmée, a suspendu son vol ;
Nos fils n'entendent plus, sous l'arbre de nos plages,
Hennir ses noirs coursiers engloutis par le sol ;
Prêtresse, sans autels, et Reine, sans couronne,
À peine la voit-on, debout sur un tombeau,
Aux feux d'un ciel lointain que la foudre sillonne,
    Rallumer son mourant flambeau.

Que ce calme sauveur, après tant de tempêtes,
Ne nous inspire point trop de sécurité.
Honte à qui sacrifie, au milieu de nos fêtes,
À d'énervants plaisirs sa mâle puberté !

Honte à qui lâchement s'endort dans la mollesse
Aux pieds de quelqu'idole indigne d'un grand cœur !
Honte à qui chante et rit, sourd aux cris de détresse
      Du Faible en proie à l'Oppresseur !

L'Orient saigne encore étendu sur ses armes,
Le Nord sous ses glaçons se dresse en conquérant,
Le Midi convulsif se débat dans les larmes,
L'Occident manque d'air et cherche un ciel plus grand ;
Partout, d'un pôle à l'autre, une lutte s'apprête :
Les Peuples et les Rois se mesurent des yeux,
Et le Pauvre, à son tour, levant sa large tête,
      Jette au Riche un défi haineux.

Préparons-nous donc tous à quelque grand spectacle !
Le monde tel qu'il est ne saurait plus durer ;
Il sent, à ses douleurs, qu'un suprême miracle
Palpite dans ses flancs prêts à se déchirer ;
Il sent que l'Anarchie, alliée à la Guerre,
Qui, depuis trois mille ans, désole tour à tour
L'atelier, le palais, le temple, la chaumière,
      Touche enfin à son dernier jour.

Dieu n'a pas créé l'homme à sa vivante image
Pour condamner sa race à des maux éternels.
Qu'importe que l'orgueil des tyrans d'un autre âge
Au Mal, à la Misère, ait dressé des autels !
L'aspect de l'univers confond leur imposture.

Le Mal, c'est le Désordre, et Dieu l'en a banni.
Homme, relève-toi ! contemple la nature,
    Adore, espère et sois béni !

    Tout marche à son but sans obstacle
    Dans le vaste empire des cieux.
    L'astre naissant comprend l'oracle
    Dont l'appel répond à ses vœux ;
    Il se lève, il parcourt sa route,
    Sans que de la céleste voûte,
    Rayonnante de majesté,
    Il tombe jamais une larme,
    Un cri de douleur ou d'alarme
    Parti d'un monde révolté.

    Nul Génie inconnu n'arrête,
    Dans ses caprices insultants,
    Le vol hardi de la tempête,
    L'essor des brises du printemps ;
    Chaque élément dans la nature,
    Selon la règle ou la mesure
    Qui préside à l'ordre éternel,
    Remplit, sans trouble ni contrainte,
    La mission auguste et sainte
    Qu'il reçut d'un Guide immortel.

    Tout même autour de nos demeures
    Proclame un Bienfaiteur divin ;
    Rien n'est emporté par les heures

Qui n'ait accompli son destin.
Pas d'être éclos à la lumière
Qui retourne dans la poussière,
Maudit, pauvre et déshérité ;
Qui s'éteigne dans sa faiblesse,
Avant d'avoir connu l'ivresse
D'un instant de félicité.

Regardez l'arbre du rivage
Qu'un pâtre a planté de sa main :
Protégé par son vaste ombrage,
Il grandit sous un ciel serein ;
Il pare de fleurs sa couronne,
Il mûrit pour les jours d'automne
Les fruits promis à son été,
Trésors des nuits de sa jeunesse
Qu'il peut répandre avec largesse,
Sans perdre sa fécondité.

Fils orageux de nos montagnes,
Le fleuve, hier à peine éclos,
Trouve au milieu de nos campagnes
Un lit parfumé pour ses flots,
Une rive large et profonde
Qui permet, sans crainte, à son onde
D'en suivre les riants détours,
Pour porter aux cités prochaines
Le tribut nourricier des plaines
Qu'il fertilise dans son cours.

Tous les habitants de l'espace,
Sous leurs traits changeants et divers,
Luttent de splendeur et de grâce,
Jusqu'au fond ténébreux des mers ;
Tous reçoivent de la nature,
Avec le don de leur parure,
L'asile d'un toit protecteur ;
Tous, nourris par la Providence,
Bénissent sa munificence,
Et chantent un hymne au bonheur.

L'homme, Roi détrôné, connaît seul la misère !
Seul il semble être né pour combattre et souffrir,
Seul de son indigence il attriste la terre,
Debout sur des trésors dont il ne peut jouir ;
Sa demeure d'un jour est souillée et fétide,
Un vil lambeau de lin couvre à peine ses os,
Son pain, trempé de pleurs, fuit sous sa lèvre avide,
Ses chants même sont des sanglots…

Quoi ! le maître est-il donc au dessous de l'esclave ?
Plus grand par ses devoirs l'est-il moins par ses droits ?
Permettras-tu, mon Dieu, qu'un insecte le brave,
Quand ton soleil l'admire et reconnaît ses lois ?
Ne pourra-t-il jamais reconquérir le titre
Qu'il a reçu de toi pour régner en ton nom ?
Ne te proclame-t-il son père et son arbitre,

>   Que pour rougir de sa raison ?

Non, non, l'ordre divin, dans sa source féconde
Fut trop longtemps troublé par nos sanglants débats.
Il faut que l'Harmonie enfante un autre monde
Qui succède au chaos où s'égarent nos pas !
Il le faut. Mais comment ? Oh ! c'est-là le mystère.
Là, devant cet abîme, hésite le plus fort ;
Là s'arrête l'esprit des sages de la terre,
>   Triste et muet comme la mort.

Quand Bazard eut taillé le fût de ses colonnes
Pour le Temple nouveau qu'il prétendait bâtir,
Il sourit, plein d'orgueil, aux splendides couronnes
Qu'y viendrait, libre et fier, suspendre l'avenir ;
Mais Bazard n'a pas su, sur ce mouvant rivage,
Élever ses autels à la hauteur des cieux ;
Il est mort, en laissant, pour unique héritage,
>   Le nom d'un rêveur glorieux.

L'agricole Fourier viendra combler peut-être
Tous les vides creusés par un soc meurtrier,
Ressemer notre champ, et, de sa main de maître,
Greffer sur le vieil arbre un fruit plus nourricier ;
Mais qui donc étendra sur un sol si stérile
Le généreux engrais qui doit le féconder ?
Qui donc fera ployer le vieux tronc indocile
>   Sous l'acier prêt à l'émonder ?

Peut-être un autre Athlète, homme de forte race,
Fera-t-il retentir un de ces mots puissants
Qui font rugir de joie et bondir sur sa trace
Des prolétaires nus les torrents mugissants ;
Malheur alors à nous, si le sort le seconde !
Il paraîtra partout où pleurent des vaincus,
Il voudra transformer et rajeunir le monde
   Par le glaive de Spartacus.

Rois ! tremblez donc de voir la guerre des esclaves
Éclater, tôt ou tard, sur nos bords dévastés !
Du volcan plébéien tremblez de voir les laves
Sous leurs flots débordés engloutir nos cités !
Tous les fléaux vengeurs que le Nord en furie
Déchaîna sur le globe ébranlé de ses bonds,
Pâliraient à l'éclat du nouvel incendie
   Dont partout luisent les brandons.

Pour mettre un pied vainqueur sur le cratère en flamme,
Fermer le gouffre ardent des révolutions,
Il faut qu'il vienne un Homme, élevé par la Femme,
Qui porte dans son sein le cœur des nations,
Qui, du globe soumis achevant la conquête
Par le Soc, par la Presse et par le Remorqueur,
Joigne au sceptre du Roi la verge du Prophète,
   Et la palme du Rédempteur.

Quand donc, Dieu tout-puissant ! le verrons-nous

paraître,
Tout palpitant encor de son dernier combat ?
Se révèlera-t-il sous la robe du prêtre,
La toge du tribun, le casque du soldat ?
Sera-ce du sommet d'un rocher solitaire,
Du seuil d'un toit de chaume ou du fond d'un palais,
Qu'un jour nous l'entendrons annoncer à la terre
      L'heure de l'éternelle paix ?

    Toi seul, mon Dieu ! dans ta sagesse,
    Tu connais le secret des temps ;
    Tu connais le jour d'allégresse
    Par l'homme attendu si longtemps ;
    Tandis que d'un œil sombre encore
    Tous nous épions son aurore,
    Tu vois la nuit se dissiper.
    Père, abrège notre souffrance !
    Quand tu nous donnas l'espérance,
    Tu n'a pas voulu nous tromper.

    Il viendra l'Élu de la terre,
    Il viendra l'Élu du Seigneur ;
    L'Olympe entendra le Calvaire
    Saluer le Libérateur.
    Nouvelle Isis législatrice,
    Ils verront un jour sa justice
    S'asseoir entre leurs deux sommets ;
    Mais loin d'étouffer ses oracles,
    Loin de renier ses miracles,

Ils rediront ses saints décrets.

Toutes les nations du globe,
Fières de se donner la main,
Pour baiser les plis de sa robe
S'élanceront sur son chemin ;
Tous les peuples de l'ancien monde,
Rois de la terre et rois de l'onde,
Ressuscites par son regard,
Au bord de leurs tombes muettes
Montreront un instant leurs têtes,
Pour le voir passer sur son char.

Il brisera d'un mot la trame
Œuvre du dogme impur du Mal.
À tous les grands instincts de l'âme
Il rendra leur essor natal ;
Il fera vers son but austère
Marcher l'Esprit et la Matière
Réconciliés sous sa loi,
Et fondera sur la Science
L'auguste et sublime alliance
De la Raison et de la Foi.

Roi des arts et de l'industrie,
Il dira leurs derniers secrets ;
Par l'amour et par l'harmonie
Il sanctifiera le progrès.
Sur les plages les plus barbares,

Géant, il dressera des phares
Resplendissants comme la croix ;
Les monts abaisseront leur cime,
Le désert, l'océan, l'abîme,
Reculeront devant sa voix.

Tout un monde invisible encore
Sortira, jeune et triomphant,
Des solitudes de l'aurore,
Des ténèbres de l'occident ;
Et des débris du vaste empire,
Par Rome, Paris et Palmyre,
Fondé dans leurs jours de grandeur,
Renaîtront vingt cités nouvelles,
Plus glorieuses et plus belles,
Qui sauront garder leur splendeur.

Debout donc, Peuples, Rois, qui, l'éclair sur la tête,
Redemandant au Ciel le mot de l'avenir,
Présentez, mais en vain, aux flancs de la tempête,
Le fer d'un glaive nu pour l'en faire jaillir !
Brisez ce glaive impie, et, sous la nue obscure
Qui peut-être demain nous rendra la clarté,
Vers le nouveau Thabor marchez sans autre armure
 Que l'amour et la charité.

Qu'importe que la terre ait vu dans les ténèbres
S'éteindre pour toujours de glorieux flambeaux ;
Que tant de chefs puissants, tant de peuples célèbres

Pour ne plus s'éveiller dorment dans leurs tombeaux
Que l'homme, vers les cieux cherchant une autre route,
Se perde quelquefois sur les vastes hauteurs
Où l'esprit de l'orgueil et le démon du doute
   Égarent ses plus saints pasteurs !

Pleurons les Astres-Rois ensevelis dans l'ombre,
Qui brillèrent, un jour, sur le globe enchanté ;
Mais ne poursuivons pas d'un œil muet et sombre
Sur l'horizon désert leur spectre sans clarté.
Il restera toujours au firmament de l'âme
Plus d'une étoile d'or, plus d'un vivant soleil,
Pour éclairer nos pas et guider l'oriflamme
   Que saluera notre réveil.

Tout rayonne déjà du consolant sourire
Tombé de leur regard sur l'œuvre des mortels.
Partout l'Homme en travail agrandit son empire
Pour élever à Dieu de plus vastes autels.
Plus de sphère interdite à l'essor du génie !
Plus de borne immuable au seuil de la raison !
L'Esprit est libre enfin, et la Chair rajeunie
   Prépare, à son tour, sa rançon.

Peuples ! reconnaissez à ces divins présages
Qu'au terme tant prédit le monde est parvenu,
Et qu'il va déposer sur ses terrestres plages
Quelque fruit de ses flancs qui nous est inconnu,

Et, le front incliné, les genoux sur la terre,
Priez, avec ferveur, priez le Roi des cieux
De descendre sur lui, pour que le grand mystère
    Soit accompli selon nos vœux !

NUÉES

1847.

Terre ! Terre !

Salut ! charmants et doux nuages
Qui visitez, du haut des cieux,
Tant de climats et tant de plages
Que ne verront jamais nos yeux ;

Quel vent jaloux vous précipite
De l'orient vers l'occident ?
Dites ! où courez-vous si vite,
Toujours cherchant et regardant ?

Quel doux spectacle vous attire
Pour hâter ainsi votre essor ?
Quel mystère vous fait sourire

Même à travers vos larmes d'or ?

Connaissez-vous quelque rivage
Où l'homme ignore la douleur,
Où jamais l'éclair d'un orage
Ne trouble la paix de son cœur ?

Où jamais l'ombre de vos ailes,
Traversant des cieux nus et morts,
Ne flotte sur des champs rebelles
Qui lui refusent leurs trésors ?

Où le spectre de la Misère
Ne mêle jamais ses sanglots
Aux cris sauvages de la Guerre
Tuant des peuples pour des mots ?

Où jamais votre chaste image
Ne se reflète dans des mers,
Témoins de quelque grand naufrage,
Même aux jours des plus longs hivers ?

Où l'hymne heureux de la Sagesse
Ne monte jamais jusqu'à vous,
Que pour bénir dans sa tendresse
Un seul Dieu protecteur de tous ?

Ah ! si vous connaissez des rives
Fières de tous ces dons du ciel,

Tendez vos urnes fugitives,
À leurs sources d'ambre et de miel.

Franchissant l'ombre et les distances,
Rapportez-nous de leurs forêts
Quelque baume pour nos souffrances,
Filles des erreurs du Progrès.

Répandez-le dans vos rosées
Sur nos esprits et sur nos cœurs,
Pour que leurs forces épuisées
Se raniment sous nos sueurs.

Perdus dans le bruit que soulève
Le choc des Partis de nos jours,
Nous poursuivons de rêve en rêve
Un bonheur qui nous fuit toujours.

Qui sait ce que Dieu nous destine !
Tout est mystère autour de nous.
Quelquefois le ciel s'illumine,
Mais par la foudre et sous ses coups.

Nous voguons vers un autre pôle,
Et depuis l'heure du départ,
Hélas ! la sonde et la boussole
Trompent la main ou le regard.

Pour soutenir notre courage,

Oh ! laissez-nous de temps en temps,
Des bords où tend notre voyage
Respirer les parfums flottants ;

Doux présages semés sur l'onde
Qui révèlent aux matelots
Qu'avec l'aurore un nouveau monde
S'éveillera du sein des flots.

HYMNE AU SIÈCLE.

1847.

Au lieu de blasphémer, apprenons à bénir !

Gloire au Dieu juste et fort qui nous donna la vie !
Trêve à ces chants de deuil, à ces cris d'agonie
Dont trop souvent ma Muse attrista son berceau !
L'homme est toujours puissant, la femme est toujours belle,
L'enfant sourit encore au vieillard qui l'appelle,
Le raisin à la coupe et la fleur à l'oiseau.

Frères ! ce beau soleil, astre que tout adore,
Brille aussi radieux qu'à sa première aurore ;
Rien, à l'œil du savant, n'annonce son déclin.
La féconde Nature, auguste et tendre mère,
De son lait généreux nourrit toujours la Terre ;
Nul flot de volupté n'a tari dans son sein.

Partout la vie éclate en œuvres immortelles,
Tonne, au sein des Forums, en doctrines nouvelles,

Ou vole, en traits de feu, sur un vélin glacé,
Fuit, en fleuves de fer, sous des nefs sans voilure,
Ou déploie, en champs d'or, sa splendide ceinture
Autour du globe ardent, son divin fiancé.

Tout change, tout grandit, tout marche, tout s'élève.
De l'œuf que la Pensée a couvé dans un rêve
Sort un monde réel au jour qu'elle a fixé.
Nos travaux font pâlir les travaux de nos pères ;
Nos fils les béniront, et, dans leurs jours prospères,
Diront en s'inclinant : Gloire au siècle passé !

Que de peuples lointains, dont l'esprit se dévoile,
Partent de leurs foyers aux rayons de l'étoile
Qui guida vers le Christ les Mages d'Orient,
Franchissent les déserts et bravent les tempêtes,
Pour venir, tour à tour, saluer nos conquêtes,
Et nous offrir les dons d'un climat plus riant !

Frères ! tendons à tous la main droite des braves !
S'ils sont partis mourants, s'ils sont partis esclaves,
Qu'ils s'en retournent forts, libres et consolés !
Qu'ils aillent arborer sur les murs de leurs villes
L'étendard illustré dans nos luttes viriles
Par tous les grands progrès des siècles écoulés !

Reines des nations, la Paix et l'Industrie
Ont détrôné la Guerre, et vaincront l'Anarchie ;
Un seul, prêtre ou soldat, ne règne plus sur tous.

La grande Liberté, mère de notre histoire,
A reconquis l'empire usurpé par la gloire ;
Au seul bruit de ses pas tout fléchit les genoux.

Des droits et des devoirs tressés en diadème
Par les élus du peuple, au nom du peuple même,
Se compose aujourd'hui la couronne des rois :
Rude bandeau de fer sans luxe et sans prestige,
Mais dont le froid contact préserve du vertige
Le front, puissant ou faible, accablé de son poids.

Frères ! un noble siècle est entré dans l'arène.
Sous chacun de ses coups se resserre la chaîne
Qui nous rattache au Dieu dont nous descendons tous.
Qu'importe si parfois un vieil anneau se brise !
L'esprit réunira ce que le bras divise ;
Nous avons la Raison et le Temps avec nous.

Jamais le Tout-Puissant n'éleva sur nos plages
Des phares plus nombreux pour éclairer les âges ;
Guidé par leurs fanaux, l'homme s'éloigne en paix ;
Il parcourt, triomphant, le globe qu'il explore,
Et, grand à son départ, revient plus grand encore,
Pour bénir le Seigneur et chanter ses bienfaits.